马克思主义政治经济学青年论丛

新时代中国产融结合
实现机制研究

张　鹏　著

中国财经出版传媒集团

经济科学出版社

Economic Science Press

图书在版编目（CIP）数据

新时代中国产融结合实现机制研究／张鹏著．—北京：
经济科学出版社，2020.12
（马克思主义政治经济学青年论丛）
ISBN 978－7－5218－2184－0

Ⅰ.①新…　Ⅱ.①张…　Ⅲ.①产业－关系－金融－
研究－中国　Ⅳ.①F12②F832

中国版本图书馆 CIP 数据核字（2020）第 248127 号

责任编辑：宋艳波
责任校对：齐　杰　易　超
责任印制：王世伟

新时代中国产融结合实现机制研究
张　鹏　著
经济科学出版社出版、发行　新华书店经销
社址：北京市海淀区阜成路甲 28 号　邮编：100142
总编部电话：010－88191217　发行部电话：010－88191522
网址：www. esp. com. cn
电子邮箱：esp@ esp. com. cn
天猫网店：经济科学出版社旗舰店
网址：http：//jjkxcbs. tmall. com
北京季蜂印刷有限公司印装
710×1000　16 开　13.5 印张　220000 字
2022 年 8 月第 1 版　2022 年 8 月第 1 次印刷
ISBN 978－7－5218－2184－0　定价：76.00 元
（图书出现印装问题，本社负责调换。电话：010－88191510）
（版权所有　侵权必究　打击盗版　举报热线：010－88191661
QQ：2242791300　营销中心电话：010－88191537
电子邮箱：dbts@ esp. com. cn）

总序

党的十八大以来，习近平总书记高度重视马克思主义政治经济学的学习、研究和运用，提出一系列新理念、新思想、新战略，在理论上不断拓展新视野、作出新概括、形成新学说。2020 年 8 月 24 日，习近平总书记在经济社会领域专家座谈会上强调，"面对错综复杂的国内外经济形势，面对形形色色的经济现象，学习领会马克思主义政治经济学基本原理和方法论，有利于我们掌握科学的经济分析方法，认识经济运动过程，把握经济发展规律，提高驾驭社会主义市场经济能力，准确回答我国经济发展的理论和实践问题"。把握这一重要讲话的精神实质和深刻内涵，需要深入思考领悟习近平总书记治国理政新理念、新思想、新战略，以改革发展进程中的重大问题为导向，不断进行理论观点、学科体系和研究方法的创新与发展，不断产出体现继承性和民族性、原创性和时代性、系统性和专业性的经济研究成果，不断形成充分体现中国特色、中国风格、中国气派的中国经济学理论体系。

这就需要我们坚持从中国实际出发，坚持马克思主义的基本立场、观点和方法，吸收和借鉴人类一切优秀文明成果，坚持以人民为中心的发展思想，坚持落实新发展理念，坚持和完善社会主义基本经济制度，坚持社会主义市场经济改革和对外开放基本国策，提炼和总结我国经济发展实践的规律性成果，把实践经验上升为系统化的经济学说。以新时代为逻辑起点，开展百年未有之大变局下的重大理论和实践问题研究。系统研究当代马克思主义经济学中国化的最新成果和独创性观点；系统梳理中国特色社会主义政治经济学的思想来源、理论进程和阶段特征；系统提炼中国特色社会主义政治经济学的内涵属性、逻辑主线、方法原则、理论结构，从而不断推进马克思主义政治经济学的中国化，不断书写中国特色社会主义政治经济学的新篇章，不断开拓当代中国马克思主义政治经济学新境界。

政治经济学是西南财经大学的传统优势学科。西南财经大学政治经济学团队一直瞄准国家重大需求，着力推动重大理论创新、重大决策研究、高层次人才培养、话语传播和国际交流，着力构建具有"中国气派、西部特色、西财风格"的中国特色社会主义政治经济学理论体系和话语体系。为了大力推进当代马克思主义政治经济学的发展与创新，西南财经大学全国中国特色社会主义政治经济研究中心组织了一批政治经济学青年学者聚焦研究马克思主义政治经济学的基本理论，以及城市化、农村土地问题、产融结合、贸易摩擦和新型经济全球化等重大理论问题和重大现实问题，陆续产出了一批重要研究成果，形成"马克思主义政治经济学青年学者论丛"系列丛书，由经济科学出版社陆续出版。

刘诗白
庚子年九月于光华园

前言

随着经济全球化的不断扩展和经济金融化程度的日益加深，全球范围内的生产和资本进一步集中，除极少数新兴行业外，大多数行业都已经形成了寡头和一定程度上的垄断。产业垄断资本集团和金融业垄断资本集团又进一步融合，进而发展成为金融寡头。产业垄断资本集团和金融业垄断资本集团在国际范围内融合，形成国际性金融寡头和全球性垄断。国际性金融寡头和全球性垄断的形成，标志着当今资本主义发展到了国际金融垄断资本主义阶段。据相关研究表明，在全世界排名前500强的企业集团中，80%以上的企业实现了产融结合，成为产融结合型企业集团。

产融结合在我国自20世纪80年代始，历经萌发、形成、发展、规范几个阶段的演进，目前我国企业集团的产融结合表现出央企挑大梁、地方国企崛起、民营企业集团争持金融牌照和互联网企业利用技术优势新晋的特征，呈现出争先恐后的态势。产融结合实现的快速发展，引起了党和政府、理论和实务部门的高度重视。2010年底，时任国资委负责人明确表示支持具备条件的企业探索产融结合，首次正式对央企实现产融结合给予了肯定。国务院国资委研究中心负责人认为，我国国有企业下一步改革的重点之一是就是要促进产业资本和金融资本的融合，培育产融结合财团，通过产融结合财团发展子企业成为世界500强。在2017年7月召开的第五次全国金融工作会议上，习近平总书记指出，要规范金融综合经营和产融结合发展。2018年4月27日，"一行两会"发布了《关于加强非金融企业投资金融机构监管的指导意见》，要求金控集团要合理建立"防火墙"，注意风险隔离，从正面清单和负面清单明确金融机构控股股东资质，加强金融机构股权质押、转让和拍卖管理等条款。

当今世界面临着百年未有之大变局、大变革、大调整，国外局势云谲波诡；国内已经开启全面建设社会主义现代化的新征程，经济社会进入新发展阶段，为此必须抢抓战略机遇期，深入贯彻新发展理念，构建新发展格局，主动作为，继续释放出巨大的发展潜力，防范化解重大风险，统筹处理好发展与安全的关系。我国产融结合实现不仅面临着此前发展中的问题，还将会面临新的挑战。因此，产融结合实现机制的理论研究和产融结合实现的实践既是世界经济发展的必然要求又是我国经济发展的现实需要，是当前经济体制改革等一系列演进的发展趋势，具有强烈的时代性。

本书回顾了产融结合实现机制的有关理论思想，重点挖掘了马克思主义经济学产融结合实现机制的思想，评述了国内外的相关研究，从分析构建新时代我国产融结合实现机制的必要性入手，从纵向和横向、动态和静态相结合构建了新时代我国产融结合实现机制的分析框架。

第一，界定了产融结合实现机制及其相关的基本概念，并以此作为本研究分析的逻辑起点。同时，通过对相关基础理论的回顾和相关研究的评述，为本书的深入研究奠定了理论基础。

第二，考察了国外产融结合实现的演进历程、总体趋势和国内产融结合实现的演进阶段和趋势，为本书的深入研究提供了实践支撑。

第三，研究了新时代中国构建产融结合实现机制的必要性。从世界经济发展的新阶段和世界经济进入数字经济时代、国内经济发展新常态新发展阶段和全面深化改革的新要求、国内产融结合实现的态势和困境的要求三个方面研究了新时代中国构建产融结合实现机制的必要性。

第四，主要从产融结合实现机制的内涵、特征、基础、条件、路径、模式等六个方面构建了产融结合实现机制的一个分析框架。产融结合实现机制确立的经济制度和经济体制基础有同有异。正是由于构筑的经济制度和经济体制基础的不同，决定了我国产融结合实现机制在特征、路径、模式等方面区别于西方国家产融结合实现的特征、路径与模式。股份制和现代企业制度是产融结合实现机制确立的共同具体经济制度基础。产融结合实现机制构建的条件包括政府的政策支持、符合法律法规、适格的主体和多层次的资本市场体系。

第五，从资本、组织和产业三个层面解析了产融结合实现的动力机制理论，分析了中国产融结合实现动力机制的现状与存在的问题，提出了提升企业产融结合实现动因的层次；提高产融结合程度，实现产融的实质性结合；以国家战略为指引，制定政策，引领产融结合实现的发展方向；协同产融结合实现中企业组织的原生动力、政府的拉力和产业发展的推力，构建产融结合实现的动力机制系统等对策建议。

第六，从资本、组织和产业三个层面解析了产融结合实现的运行机制理论，分析了中国产融结合实现运行机制的现状与存在的问题，提出了加强和完善资本市场建设，充分发挥资本市场在产融资源配置中的决定性作用；以实体产业为核心，提高实体产业和金融业运行的关联性，实现产融之间的良性互动；进一步优化产融资本配置，防止经济过度虚拟化；增进产融组织协调度和产业协同度，加强监管，保障产融结合顺畅运行的对策建议。

第七，从产融结合实现的调控主体、调控手段、调控内容等方面解析了产融结合实现的调控机制理论，分析了中国产融结合调控机制的现状与存在的问题，提出了应以"顺应发展，抓住关键，加强监管"为原则，从健全内部风险控制体系，构建风险隔离机制；完善外部监管协调体系，加强监管的国际合作；制定与完善产融结合实现的法律法规等方面着力构建我国产融结合实现的调控机制的对策。

第八，我国选择产融结合实现的路径应该以马克思主义金融资本理论为指导，借鉴吸收西方国家多年来特别是美国产融结合实现的经验教训，依据我国多年来由产到产融结合的实现路径的实际情况，坚持走由产到产融结合主导的产融结合实现机制路径。我国产融结合实现模式的构建目标应该是市场主导型和政府引导型相结合的模式。

根据全书的理论研究和产融结合在我国发展的实际状况，本书认为需要从以下七个方面构筑我国产融结合实现机制的政策支撑体系：制定政策，明确产融结合发展方向；加强和完善产融结合实现的基础设施建设；完善公司治理机制，健全产融结合内部风险控制体系；制定与完善产融结合实现的法律法规体系；以国家战略为指引，引领产融结合实现的发展方向；加强产融结合监管协调体系建设，建立产融结合监管的国际合作机制；加强产融结合复合型人才培养。

本研究拟在以下几个方面有所突破或创新。

第一，研究视角的创新。本研究选取了以机制为视角，切入对产融结合实现机理的研究，聚焦于产融结合实现机制。较之与本研究相近的选题，能较为深入地把握产融结合实现的内在机理。根据机制的内在原理和产融结合实现的完整链条，本研究从动力、运行和调控三个环节全方位研究产融结合的实现机制，提炼出产融结合实现的一般原理。

第二，分析框架的创新。本研究以马克思主义政治经济学基本原理为基础，将系统论原理和过程论原理相结合，建立了纵向和横向、动态和静态分析相结合研究产融结合实现机制的一个框架。根据系统论原理，遵循制度—体制—机制的逻辑，从实现机制入手，着眼三个层面，即资本、产业、组织。依据过程论原理，把产融结合实现机制分为三大环节。产融结合的动力机制是首要环节，产融结合的运行机制是中心环节，产融结合的调控机制是保障环节。从"资本—组织—产业"三个方面切入对纵向的产融结合实现全过程，即动力、运行和调控机制的分析。

第三，产融结合实现机制理论上的突破。本研究深入地挖掘了马克思主义经济学产融结合实现机制的有关思想，充分借鉴了西方经济学有关产融结合实现机制的理论学说。本研究以马克思主义政治经济学为基础，遵循了马克思主义政治经济学以资本为逻辑的分析主线，认为产融结合实现的本质是资本不仅要垄断生产过程，而且要垄断货币的分配与交换。深入全面地把握产融结合实现的内涵和本质，厘清产融结合实现的机理，形成有关产融结合实现机制的系统理论，即动力机制理论、运行机制理论、调控机制理论。

第四，恰当梳理和凝练了国内外产融结合实现演进历程和总体趋势，实现了内容上的突破。运用历史分析方法对产融结合实现的演化历程进行考察，从而总结出国内外产融结合实现机制演进的主要阶段、发展轨迹和总体趋势。西方国家产融结合实现的演进历程经历了自由—限制—放松—收紧四个阶段。西方国家产融结合实现的总体趋势是金融业资本与产业资本之间的结合、由以商业银行资本为主转变为多种金融业资本、众多非银行金融机构跟产业机构的结合。金融业机构与工商业公司之间的结合由控制为主转为合作为主。实体产业经营始终是产融结合实现的核心。中国的产融结合实现真正始于改革开放后，依据经济发展水平、制度、文化和具体国情等实际情况，历经萌发、形成、发展、规范几个阶段的演进，走出了一条由产到融的产融结合实现道路。

第五，产融结合概念界定的突破。本研究在充分回顾已有代表性观点的基础上，结合产融结合的新发展，对产融结合的概念作出了全面、系统、严格的界定。本研究在评析学术界有关产融结合的五种代表性观点，即产业结合说、储蓄投资转化说、部门结合说、资本职能结合说和商业模式说的基础上，认为一方面要深入全面把握产融结合的内涵；另一方面随着经济发展和产业结构的演化，要拓展产融结合的外延。产融结合包括资本、组织和产业三个层面的结合，产融结合是金融业资本和产业资本结合基础上的股权链接，在股权链接的基础上生成企业组织，达成人事结合、信息沟通、业务咨询，进而实现产业协同。

目　录
CONTENTS

第 *1* 章

导　论

1.1　研究主题

产业部门为社会提供产品和服务，是社会经济运行的基石和发展的基础；而金融业部门为社会提供资金，是社会资金的"调剂者"，一向被认为是社会经济发展的"助推剂"，两大部门协同作用共同推动经济运行和发展。两大部门之间的关系即产融关系，宏观上表现为工商业等产业与金融业之间的产业协同关系；微观上表现为产业机构与金融机构之间的关系。产业机构与金融机构之间的关系通常表现为以借贷为链接[①]的普通债权债务关系。随着经济技术的发展，在以借贷为链接的普通债权债务关系的基础上产业机构与金融机构之间又衍生出股权融合、人事派遣、经营参与、信息共享等紧密型关系，出现了产融结合型组织。

据相关研究表明，在全球前 500 强的企业集团中，80% 以上的企业实施了产融结合战略，实现了不同程度的产融结合，成为产融结合型企业组织[②]。

我国的中央企业（以下简称央企）中绝大多数企业集团已经或者正在

---

① 链接，计算机学科术语，指在电子计算机程序的各模块之间传递参数和控制命令，并把它们组成一个可执行的整体的过程。这里使用"链接"，而没有用"连接"，主要是借用"链接"指产业机构与金融机构之间的关系并非仅仅是简单的债权债务关系。

② 苏云成. 中央企业产融结合研究［D］. 北京：财政部财政科学研究所，2012：1.

大举实施产融结合战略。据相关数据表明，国务院国有资产监督管理委员会（以下简称国资委）下辖管理的 117 家央企中有 81 家实现了不同程度的产融结合①。由于重组合并，截至 2016 年 8 月，国资委下辖管理的央企数量为 102 个②。2021 年 6 月 24 日，国务院国资委网站公布了最新的中央企业名录，央企数量又减少至 96 家③。

近年来，由我国地方政府推动建立的地方产融结合型国有企业集团也纷纷成立，如上海国际集团、天津泰达控股、山西国信集团、广东越秀集团、四川发展集团等。我国的一些民营企业集团有的已经实现了产融结合或者有的正在大举实施产融结合战略，初步形成了海尔系、万向系、复星系等产融结合型民营企业集团。近期产融结合在新兴高科技互联网企业的发展异军突起，如互联网巨头企业阿里、京东、腾讯、百度纷纷建立起规模庞大的金融部门，业务涵盖支付、证券、保险、信托、贷款、众筹、征信、银行、基金等金融领域，几乎完成了全金融牌照的布局；支付宝、京东白条、财付通等金融产品和金融服务逐渐成为其重要的业务支柱与利润来源。

我国自 20 世纪 80 年代始，产融结合历经萌发、形成、发展、规范几个阶段。目前我国企业集团的产融结合表现出央企挑大梁、地方国有企业崛起、民营企业集团争持金融牌照和互联网企业利用技术优势新晋的特征，呈现出争先恐后的态势。

2010 年底，在中央企业负责人工作会议上，国资委时任主任王勇明确表示，"支持具备条件的企业探索产融结合"，首次正式对央企进行产融结合的实践给予了肯定④。国资委研究中心主任楚序平针对我国国有企业改革的方向时谈到，我国国有企业下一步改革的重点之一，就是要促进产业资本和金融业资本的相互融合，培育产融结合型企业财团，从而提升资本运营效率，进而实现规模经济，降低交易费用，实现产业资

---

① 赵昌文，朱鸿鸣. 央企产融结合技术分析 [J]. 上海国资，2013（1）：35 - 37.

② 中华人民共和国国务院国有资产监督管理委员会网站 2016 年 8 月 3 日发布的央企名录，请见网页 http：//www. sasac. gov. cn/n86114/n86137/index. html.

③ 中华人民共和国国务院国有资产监督管理委员会网站 2021 年 6 月 24 日发布的央企名录，请见网页 http：//www. sasac. gov. cn/n2588035/n2641579/n2641645/index. html.

④ 郭珺明. 央企产融结合要着力回答三大问题 [N]. 中国证券报，2013 - 02 - 25.

本与金融业资本的优势互补，促进企业国际化，通过产融结合财团发展子企业成为世界 500 强。这是中国企业发展的必然选择。党的十九大报告提出要"深化金融体制改革，增强金融服务实体经济能力"①，党的十九届四中全会进一步指出要"健全具有高度适应性、竞争力、普惠性的现代金融体系"。构建具有普惠性的、服务实体经济的现代金融体系，是党中央为新时代实体经济与金融业融合发展提出的顶层设计思路。其实，改革开放后市场经济中企业的自发行为"产融结合"正是这种顶层设计的早期探索。2018 年 4 月 27 日，"一行两会"（中国人民银行、中国银保监会、中国证监会）发布了《关于加强非金融企业投资金融机构监管的指导意见》，该意见要求金控集团要合理建立"防火墙"，注意风险隔离，从正面清单和负面清单明确金融机构控股股东资质，加强金融机构股权质押、转让和拍卖管理等条款。进一步对产融结合实现规范发展提出了明确细致的要求并指明了规范发展的方向。

产融结合这一重要的经济现象受到了国内外学术界、企业界和政府等部门的高度重视。目前，现有研究大多散见于报纸、杂志、网站，大多认为产融结合是生产力发展的内在要求，是商品经济和社会化大生产发展到一定阶段的产物，肯定产融结合的发展方向，认同产融结合乃市场经济、企业经营发展到一定程度的必由之路，只不过中国还处在初级阶段而已。在经济学说史上，有关产融结合的文献也较为丰富，形成了许多有益的经验和见解，为推动产融结合实现提供了有益的指导和借鉴。但我们在研究中发现，有关产融结合的理论探讨还远远不能满足产融结合实践发展的需要。尚未从理论上深入探讨产融结合的内蕴、动因、运行机理、调控方式，系统的产融结合实现理论研究更不多见，从机制视角系统研究产融结合实现的文献更少。致使实践中我国虽然有国资委领导明确表态支持具备条件的央企实施产融结合，产融结合实现呈蓬勃发展态势，但仍然还没有明确产融结合的发展方向，没有制定出产融结合实现的相关配套政策。

基于以上原因，本书选择了新时代我国产融结合实现机制这个研究

---

① 增强金融服务实体经济能力 打好防风险攻坚战［DB/OL］. 人民网，2019 - 2 - 26.

主题，作为主攻方向。本书旨在借鉴中外学者已有研究成果和总结国内外产融结合实践经验的基础上，从理论上探讨构建我国产融结合实现机制的必要性，构建我国产融结合实现机制的分析框架，从而深化产融结合实现的理论研究，探索出一条同我国社会主义市场经济体制相适应的产融结合实现路径、符合我国实际情况的产融结合实现模式和相应的政策支撑体系。

当然，产融结合是一个相当广泛而复杂的理论问题，加之可供借鉴的文献资料较为零散，数据资料收集也有诸多的难度。因此，本书不求面面俱到，也难以达到系统、完整和全面。本书聚焦产融结合实现机制，力求对构建产融结合实现机制的必要性、产融结合实现的动力机制、产融结合实现的运行机制、产融结合实现的调控机制、产融结合实现的支撑体系等理论问题作一些初步考察，意在形成一个产融结合实现机制的初步理论框架，为将来更深入的研究奠定基础。

1.2　研究背景和意义

1.2.1　研究背景

1. 国际背景：国际金融垄断资本的深化发展

随着经济全球化的扩展和经济金融化程度的日益加深，全球范围内的生产和资本进一步集中，除极少数新兴行业外，大多数行业都已经形成了或者正在形成寡头和垄断，当今资本主义已经发展到了国际金融垄断资本主义阶段。国际金融垄断资本集团在国际国内都具有垄断地位，垄断了全球绝大部分市场份额，成为全球垄断寡头。跨国公司是这些国际金融垄断资本集团的载体，它们往往集生产、贸易、投资、技术开发、技术转让等工商产业和金融业为一体，形成由金融业资本和产业资本组成的产融结合型企业集团。这些产融结合型企业集团借助于生产一体化、管理信息化、投资社会化、销售网络化等手段，控制着全球的生产、技术、资本、消费和市场，主宰着全世界经济的秩序和经济的发展方向。

在国际金融垄断资本主义阶段，经济全球化程度日益加深，国家之间的竞争日益激烈。目前，虽然新冠肺炎疫情的全球蔓延和局部地区民粹主义抬头，但并不能对全球化造成持续的冲击。经济竞争力是国家竞争力的主要内容之一，而经济竞争力往往表现为主要企业集团之间的竞争，特别是大型跨国企业集团之间的竞争。因此，培育一批具有国际竞争力的世界一流企业集团对于增强一个国家的经济竞争力在当下无疑具有重要的意义。国外大型企业集团的发展经验表明，产融结合是做强做大做优企业集团的重要抓手。因此，国际金融垄断资本的深化发展构成了本书研究产融结合实现机制这个理论主题的国际背景。

2. 国内背景：经济发展步入新时代新发展阶段和全面深化改革持续推进

我国经济社会在经过四十多年的高速发展后，进入新时代新发展阶段。党的十九大作出了中国特色社会主义进入新时代、我国社会主要矛盾发生转化等重大政治判断。中国特色社会主义新时代是中国发展新的历史方位。习近平总书记在 2014 年 5 月考察河南的行程中首次提出我国经济发展步入"新常态"的判断。他指出，中国发展仍处于重要战略机遇期，我们要增强信心，从当前中国经济发展的阶段性特征出发，适应新常态，保持战略上的平常心态。[①] 总书记主要从我国经济发展的速度、经济结构的转换升级和经济发展的动力三个方面阐释了我国经济进入新常态。首先，我国经济发展的速度从高速增长转为中高速增长；其次，我国经济的结构必须不断优化升级；最后，我国经济发展的动力必须从要素驱动和投资驱动转向创新驱动。他认为经济发展的新常态将给中国带来新的发展机遇，但适应新常态的关键在于全面深化改革的力度。

党的十九届五中全会提出，全面建成小康社会、实现第一个百年奋斗目标之后，我们要乘势而上开启全面建设社会主义现代化国家新征程，向第二个百年奋斗目标进军，这标志着我国进入了一个新发展阶段。为此要准确把握新发展阶段，深入贯彻新发展理念，加快构建新发展格局。

---

① 习近平首次系统阐述"新常态"［EB/OL］. 新华网，http：//news. xinhuanet. com/world/2014 - 11/09/c_1113175964. htm.

而构建新发展格局的关键在于经济循环的畅通无阻。因此，必须坚持深化供给侧结构性改革这条主线，继续完成"三去一降一补"的重要任务，全面优化升级产业结构，提升创新能力、竞争力和综合实力，增强供给体系的韧性，形成更高效率和更高质量的投入产出关系，实现经济在高水平上的动态平衡。

而国有企业改革、"一带一路"建设、金融体制改革等是新发展阶段全面深化改革的重要内容。产融结合实现机制这个理论主题与国企改革、金融体制改革、"一带一路"建设等紧密相关，因此，经济发展步入新时代新发展阶段和全面深化改革是本书研究的国内背景。

综上所述，经济全球化的扩展、经济金融化程度的加深、国际金融垄断资本深化发展的国际经济新形势和国内经济社会发展步入新时代、新常态、新发展阶段，以及全面深化改革、构建新发展格局等构成本书深入研究产融结合实现机制的国际国内背景。

1.2.2　研究意义

1. 理论意义

当代资本主义经济的全球化、经济的金融化和经济的虚拟化进一步加深，金融资本的运行纷繁复杂。本书的研究回顾了产融结合实现机制有关理论思想，重点挖掘了马克思主义政治经济学的产融结合实现机制思想，充分借鉴西方经济学有关产融结合的理论学说。本书的研究构筑在马克思主义政治经济学的基础上，遵循了马克思主义政治经济学以资本为逻辑的分析主线，认为资本主义条件下产融结合实现的本质是资本不仅要垄断生产过程，而且要垄断货币的分配与交换。深入全面地把握产融结合实现的内涵和本质，从机制视角出发，厘清产融结合实现的机理，形成有关产融结合实现机制的理论，即动力机制理论、运行机制理论、调控机制理论，对推动和规范新一轮产融结合实现的发展，处理好实体经济和虚拟经济的关系，具有直接的理论指导意义；结合金融资本的新发展，借鉴西方经济学有关产融结合的研究，提炼产融结合实现机制新的理论成果，进一步发展马克思主义金融资本理论，丰富和推进马克思主义金融资本理论的研究。自 20 世纪 80 年代以来，我国产融结合历经萌发、形成、发展、规范几个阶段，走出了一条有中国特色的社会主义经济制度基础上的产融结合实现之路，从理论上总结和提炼我国产融结合实现 40 年来的鲜活实践经验，形成我国产融结合实现机制的理论学说，可以进一步丰富和发展中国特色社会主义政治经济学的研究。

2. 现实意义

党的十八大报告提出了"推动经济结构战略性调整"的重要任务。党的十八届三中全会开启了新一轮深化全面改革的起点，《中共中央关于全面深化改革若干重大问题的决定》从"完善产权保护制度，积极发展混合所有制经济、推动国有企业完善现代企业制度和支持非公有制经济健康发展"四个方面部署了经济改革。产融结合实现与资源的合理配置、与产业结构的优化升级、与现代企业制度的完善、与经济增长方式紧密相关。上述四个方面经济制度的改革为产融结合实现的深入推进奠定了制度基础，产融结合实现的深入推进也将牵引四个方面经济制度的改革。为此，本书对产融结合实现机制理论和相关政策的深入研究，在当前背景下无疑具有重要的现实意义。

1.3　概念界定及其相关说明

欲立论者，均需先界定其说。本书涉及的基础性概念主要有产融结合、金融资本、金融业资本、产业资本；涉及的背景性概念主要有虚拟资本、金融化、组织。这些概念由于学科的差异，或者是由于研究视角和动机的区别，学者们在使用中含义也不尽相同。因此，本书将在回顾已有代表性研究的基础上，经过充分探讨，从经济学的意义上对其进行准确界定，并就其与本研究的相关性作出充分说明，厘清本书的研究对象，以减少误解和不必要的争论。

1.3.1　产融结合

产融结合是金融业资本和工商产业资本结合基础上的股权链接[1]，在股权链接的基础上生成公司企业组织，达成人事结合、信息沟通、业务咨询，进而实现产业协同。产融结合是金融业资本和工商产业资本的结合，是工商产业组织与金融业机构组织的结合，是金融业和工商产业的结合。产融结合是金融资本产生的前提和基础，金融资本是产融结合的结果。

1.3.2　金融资本

"金融资本"是马克思主义政治经济学中有着特定内涵的一个概念范畴。最早由法国马克思主义经济学家拉法格在1903年明确提出，后来随着资本主义经济的发展和日益成熟，资本主义经济的垄断程度不断加深，希法亭、列宁等对金融资本的理解也不断深化，相继拓展和完善了金融资本的内涵。

最早提出"金融资本"这个概念的是拉法格。他在1903年出版的《美国托拉斯及其经济、社会和政治意义》一书中，针对资本主义经济中工商产业资本与银行业资本日趋结合的经济现象，率先提出了"金融资本"这个概念。拉法格指出，随着工商产业部门资本的日益扩张和日趋集中，进而推动了银行业资本的集中，两类资本相互渗透，相互结合便形成了金融资本。[2]拉法格着重指出金融资本的主要特点在于工业资本与银行资本的结合，二者结合的根本原因是工业资本的不断扩展。

奥地利马克思主义的著名代表人物——鲁道夫·希法亭对"金融资本"进行了比较系统的研究。他在1910年出版了《金融资本：资本主义

---

① 这里的"链接"一词，计算机科学中用于指在电子计算机程序的各模块之间传递参数和控制命令，并把它们组成一个可执行的整体的过程。此处借用"链接"一词，指金融业资本和产业资本在股权结合基础上的人事结合、信息沟通、业务咨询、产业协同等，构成一个整体。

② 中共中央马恩列斯著作编译局国际共运史研究室. 拉法格文选（下）［M］. 北京：人民出版社，1985：210 – 280.

的最新发展研究》这本专著，后来这部著作甚至被誉为《资本论》的续篇。他在此书中明确地阐释了"金融资本"的概念，强调"产业资本的一个不断增长的部分不属于使用它的产业资本家了。他们只有通过代表同他们相对立的所有者的银行，才能获得对资本的支配。另一方面，银行也不得不把它们资本的一个不断增长的部分固定在产业之中。因此，银行在越来越大的程度上变为产业资本家。我把通过这种途径实际转化为产业资本的银行资本，即货币形式的资本，称为金融资本"①。后来理论界把希法亭的"金融资本"概念归结为由银行资本家支配的和由产业资本家使用的资本。

在拉法格、希法亭之后，列宁在批判地吸收他们研究成果的基础上，较为全面地阐释了金融资本。他着重强调了构成金融资本的"三个主要因素"：大资本的发展和增长达到一定程度；银行的集中和社会化；垄断资本控制工业部门相当大的一部分，以致竞争被垄断所代替②。他将金融资本定义为"生产的集中；从集中生产起来的垄断；银行和工业日益融合或者说长合在一起——这就是金融资本产生的历史和这一概念的内容"③。

列宁之后的较长一段时期，学术界对于金融资本的理解出现了两种观点。一种是以保罗·斯威齐、科斯塔·拉帕韦查斯④为代表的否定金融资本概念说，认为实际经济运行中产业资本家对银行资本的依赖逐渐降低，因此"金融资本"这个概念可以舍弃而用"垄断资本"代替⑤；另一种是以大卫·哈维⑥、让－克洛德·德罗奈⑦为代表的金融资本控制说。他们认为由于金融及其衍生产品的发展，金融资本在时间和空间上对生产实现了全面控制，金融因素在资本增值中逐渐占据主导和统治地位，称其为金融垄断资本。

---

① 希法亭. 金融资本——资本主义最新发展的研究 [M]. 北京：商务印书馆，1997：252.

② 列宁全集（第54卷）[M]. 第2版. 北京：人民出版社，1990：375.

③ 列宁. 帝国主义是资本主义的最高阶段 [M]. 北京：人民出版社，2001：39.

④ Costas Lapavitsas. Financialised Capitalism：Direct Exploitation and Periodic Bubbles [R]. Working Paper，May 2008，Department of Economics，School of Oriental and African Studies，University of London，http：//www. soas. ac. uk/economics/events/.

⑤ 保罗·斯威齐. 资本主义发展论 [M]. 北京：商务印书馆，1997.

⑥ David Harvey. The Limits to Capital [M]. The University of Chicago Press，1982.

⑦ 李其庆. 西方左翼学者对当代资本主义的研究——第三届巴黎国际马克思大会述要 [J]. 国外理论动态，2002（1）：1–7.

我国经济学者吴大琨等根据第二次世界大战后发达资本主义国家经济发展中产业结构变化和金融业发展的一些新特点,对金融资本概念做了进一步拓展,他们认为现代金融资本是在战后生产和资本进一步垄断的基础上,以垄断性商业银行为中心的金融业资本与垄断工业公司为主的企业资本的融合或混合生长。金融业资本不仅包括垄断性商业银行资本,而且包括垄断性保险公司、投资银行(公司)和其他垄断金融机构的资本;企业资本不仅包括垄断性工业资本,也包括垄断性交通运输、公用事业和商业等资本。[①] 吴大琨等在遵循经典马克思主义经济学金融资本概念内在逻辑的基础上进一步拓展了马克思经济学金融资本的外延,使金融资本概念反映了经济发展的新变化和新特点。

也有学者认为现代金融资本概念应该包含两个层次:第一个层次是借助资本所有权享有剩余索取权利益(股息、利息、分红等收入)的食利性资本,包括股票、公司债券、国债、贷款、金融衍生工具等食利性金融资本,这个层次的金融资本是狭义的或纯粹的金融资本;第二个层次是在生产与资本集中过程中这种食利性资本与产业资本的结合,以及金融资本对经济生活的控制,即列宁所分析的金融资本[②]。

本书认为上述观点中的第一层次的金融资本实质上是金融业资本。在马克思主义经济学的视阈里,金融业资本和金融资本是不一样的,金融资本强调垄断基础上的融合。融合可以分为以债权为基础的工商产业资本和以银行业为主体的金融业资本的融合及以股权为基础的工商产业资本和以银行业为主体的金融业资本的融合。在初期主要表现为稳定的长期的债权关系,后来逐步发展出现更加紧密牢固的股权关系,即股权参与,在股权参与的基础上达成人事结合、信息沟通、业务咨询和产业协同。所以严格区分金融资本和金融业资本是很有必要的。

1.3.3 金融业资本

金融业资本指在金融业运行的资本。根据马克思主义经济学原理,金

① 吴大琨. 金融资本论 [M]. 北京:人民出版社,1993:57.
② 蔡万焕. 现代"金融资本"概念辨析 [J]. 教学与研究,2011(4):42-48.

融业资本本质上属于借贷资本，为了获取利息而暂时贷放给他人使用的货币资本。金融业资本不是职能资本，而是从产业资本和商业资本等职能资本运动中游离出来的闲置货币资本转化而来的。金融业资本作为货币资本的所有者，把货币的使用权让渡给使用者，在经过一段期间执行完职能以后，又流回到货币所有者手中。它在运动中保存自己，既不是被付出，也不是被卖出，而只是被贷出。金融业资本的运动有两个特点：一是它经过一定时期流回到它的起点；二是它作为已经实现的资本流回，流回时已经实现它的能够生产剩余价值的那种使用价值。

为更清楚地理解金融业资本，有必要回顾产业划分的相关理论。根据传统产业划分理论，第一产业是指人类直接从自然界获取有用物质的经济活动。第二产业是指在第一产业的基础上，把自然物质加工制造成各种产品的经济活动，主要包括工业、建筑业以及水电生产等行业，其中最主要的部分是制造业。第三产业指除第一、第二产业之外的经济活动，总体上可以分为三类：第一类是传统服务业，指以人的体力和技能直接提供服务；第二类是工业化服务业，指以工业技术为支撑的服务经济活动；第三类是金融服务业，指以货币金融运作为对象的经济活动。金融业资本是为第一、第二产业服务的，主要包括商业银行、保险公司、证券公司、信托公司、期货公司、基金公司、投资银行（公司）和其他金融机构的资本，其性质是为第一、第二产业和第三产业中除金融服务业以外的其他产业服务的。

金融机构是金融体系中最重要的组成部分，是指从事金融服务、金融中介、金融监管的组织机构。我国目前的金融机构可以分为如下八种类型（见表 1 - 1）：

表 1 - 1　　　　　　　　　中国主要的金融机构情况表

监管机构	信用中介类	融资中介类	交易平台类	登记结算等
央行			中国外汇交易中心、全国银行间同业拆借中心、第三方支付	央行清算总中心、中央国债登记结算公司、上海清算所、中国银联（卡组织）征信中心、评级公司

续表

监管机构	信用中介类	融资中介类	交易平台类	登记结算等
银保监会	国有银行，股份制银行，政策性银行，城市、农村商业银行，村镇邮政储蓄银行，外资、合营、信用社等	信托公司、金融资产管理公司（4家）、金融租赁公司、汽车金融公司、贷款公司、货币经纪公司、P2P贷款；财产保险、人身保险、再保险公司、保险资管、保险经纪、代理、公估等		
证监会		券商（投行）及其资管基金、资管期货公司、投资咨询公司	固定收益证券综合交易平台，上海、深圳证券交易所，各商品、黄金、期货交易所，中国证券金融股份有限公司	中国证券登记结算公司
地方政府		小贷公司、农村资金互助社、金融控股公司		
未定		金融控股公司、第三方理财、民间借贷、风投、私募		

注：由笔者根据相关资料整理。

资料来源：中国银行保险监督管理委员会。

1. 货币机构

我国的货币机构主要包括中国人民银行和国家外汇管理局。

2. 行业监管机构

我国的行业监管机构主要包括中国银行业监督管理委员会、中国证券监督管理委员会和中国保险监督管理委员会①。

3. 交易与结算类金融机构

我国的交易与结算类金融机构主要包括交易所和登记结算类机构。

4. 银行业金融机构

银行业金融机构主要包括银行业存款类金融机构和银行业非存款类金融机构。银行业存款类金融机构主要有银行、城市信用合作社、农村信用合作社、农村资金互助社和财务公司五种。银行业非存款类金融机构主要有信托公司、金融资产管理公司、金融租赁公司、汽车金融公司、贷款公司和货币经纪公司六种。

5. 证券业金融机构

证券业金融机构主要包括证券公司、证券投资基金管理公司、期货公司和投资咨询公司四种。

6. 保险业金融机构

保险业金融机构主要包括财产保险公司、人身保险公司、再保险公司、保险资产管理公司、保险经纪公司、保险代理公司、保险公估公司七种。

7. 金融控股公司

金融控股公司主要包括中央金融控股公司和其他金融控股公司。

8. 新兴金融类企业

新兴金融类企业如小额贷款公司、第三方理财公司、综合理财服务公司等。

---

① 中国银行业监督管理委员会和中国保险监督管理委员会于 2018 年合并为中国银行保险监督管理委员会（简称中国银保监会），统一监督管理银行业和保险业。

目前，我国还是以间接融资占主导地位的国家，银行业金融机构在整个金融系统中具有无可比拟的重要性。但随着近些年来现代金融的发展，一个复杂的金融体系正在逐步形成，已经发展成为包括银行金融与非银行金融、商业性金融与政策性金融、证券与保险、期货与期权、直接金融与间接金融、长期金融与短期金融、全球金融与国别金融、宏观金融与微观金融、国内金融与国际金融、金融安全与金融主权等众多因素的现代金融体系。据相关研究表明，截至2012年底，我国的非银行金融机构法人总数已达1000余家，超过金融机构法人总数的1/5，主要包括证券公司、保险公司、信托公司、期货公司、基金公司、财务公司、资产管理公司等，商业银行"包打天下"的格局已经被打破。我国的证券业、保险业、信托业和其他类别的非银行业金融资产已突破20万亿元，直接融资比例不断上升，间接融资比例下降的趋势加速发展。[①] 据《每日经济新闻》报道，截至2019年6月底，据银保监会官网银行业金融机构法人名单，开发性金融机构1家、政策性银行2家、国有大型商业银行6家、股份制商业银行12家、金融资产管理公司4家、城市商业银行134家、民营银行17家、外资法人银行41家、企业集团财务公司254家。

白钦先把金融视为资源，他认为金融既是一种社会资源，又是一种战略性资源；既是一种货币化的社会资财，又是社会财富的索取权。金融既具有一般资源的属性，又将其提高到人类社会资财之源的战略高度。金融资源是可以通过自身这一资源的配置进而配置其他一切资源的特殊资源。[②] 他把金融资源分为三个层次，基础性核心金融资源，即货币和货币资金；实体性中间金融资源，即金融组织与金融工具及其运行法规、金融人才与金融意识等；整体性高层金融资源，即由国家掌握的具有垄断性、独立性的金融制度和金融政策等[③]。根据白钦先的金融资源理论，从产融结合的视角来看，工商产业组织所融合的对象主要是金融资源中的前两个层次，即基础性核心金融资源和实体性中间金融资源。

---

① 吴富林. 金融综合化趋势及中国金融的未来 [N]. 光明日报，2013 - 10 - 22.

②③ 白钦先. 论以金融资源学说为基础的金融可持续发展理论 [J]. 广东商学院学报，2003 (5)：5 - 10.

1.3.4　产 业 资 本

马克思在研究资本主义经济运行机理的全过程中，从社会总资本的角度出发，依据资本在各个领域中不同的职能特性和不同的运动规律，把资本划分为三种类型，即产业资本、商业资本和生息资本。

马克思在《资本论》中指出，"在总循环过程中采取而又抛弃这些形式并在一个形式中执行相应职能的资本，就是产业资本。这里所说的产业，包括任何按资本主义方式经营的生产部门"①。产业资本是相对于商业资本、生息资本而言的，指的是资本主义经济中物质生产部门中的资本，主要包括工业资本、农业资本、交通运输业资本、建筑业资本等。产业资本的运动形式如图 1 - 1 所示。

$$G{-}W<^A_{P_m}\cdots P\cdots W'{-}G'$$

图 1 - 1　产业资本运动形式

产业资本运行的特点是它要依次采取货币资本、生产资本和商品资本三种职能形式，随着又依次放弃相应的形式，且在每一种资本形式中完成相应的职能。产业资本的最大特点是直接生产剩余价值并直接占有剩余价值，最典型地反映了资本关系。因而产业资本可以定义为在资本的循环往复运动中，依次采取货币资本、生产资本和商品资本形式，接着又放弃这些形式，并在每一种形式中完成着相应职能的资本。

产融结合中的"产"主要指的就是产业资本。随着经济的发展、产业结构的变迁，以服务业为代表的第三产业在总体经济中所占比重逐步超越以工业为代表的第二产业在总体经济中的比重。马克思曾明确指出，产业已经不再局限于物质生产部门，还必须包含非物质生产部门，即指国民经济的各部门。本书倾向于我国经济学者吴大琨先生的观点②，产融结合的产业资本也要做扩大解释，可以解释为包括农业、制造业、交通运输业、

---

① 马克思. 资本论（第二卷）[M]. 北京：人民出版社，2004：60.
② 吴大琨. 金融资本论 [M]. 北京：人民出版社，1993：57.

工业服务业、新兴产业等除金融业以外的其他产业资本。

1.3.5 虚拟资本

一般来说，虚拟资本指的是以有价证券为存在形式，能给证券持有者带来一定收入的资本。虚拟资本的产生与信用制度和预期收益的资本化过程密切相关。马克思通过对银行资本的考察指出："银行家资本的最大部分纯粹是虚拟的，是由债权（汇票）、国家证券（它代表过去的资本）和股票（对未来收益的支取凭证）构成的。"[1] 虚拟资本就其实质来说，"只是代表已积累的对于未来生产的索取权或权利证书"[2]。虚拟资本包括股票、汇票、国债券等。同厂房、机器等实际资本不同，它在企业生产中不直接发挥作用，只是间接地反映实际资本的运动，其本身不具有价值，但可以在证券交易机构中进行买卖。

随着经济金融化程度的日益加深，在全球市场经济体系中，以金融体系为内核的虚拟经济快速发展，形成了新经济的一种重要形态，它的出现给世界经济的发展带来了新变化、新理念，近几年来受到各方越来越多的重视，发挥着日益重要的协调功能。虚拟经济是指相对独立于实体经济之外的虚拟资本的持有和交易活动。一个国家或者地区的虚拟经济的发展程度或效率高低是其整体经济竞争力强弱的一个重要指标，往往影响着该国或者地区的实体经济的整体增长活力与速度。虚拟经济体系在给新兴企业和新型产业提供融资、支持创新创业中具有独特的作用，为整个经济体的效用改进创造巨大的空间。虚拟经济对于实体经济推动作用的核心功能是降低交易成本与信息不对称，改善资源的配置效率。

虚拟经济的产生源于实体经济发展的内在需求，是伴随着实体经济的发展、伴随着全球金融市场虚拟化程度的不断提高而出现的。虚拟经济与实体经济之间是一种对立统一的关系。虚拟经济一方面以实体经济为基础，对实体经济具有依附性和派生性；另一方面虚拟经济又具有相对独立

---

[1] 马克思. 资本论（第三卷）[M]. 北京：人民出版社，2004：532.

[2] 马克思. 资本论（第三卷）[M]. 北京：人民出版社，2004：531.

性，具有相对独立的活动领域，其运行方式不同于实体经济。

因此，虚拟经济不能完全脱离实体经济而存在，而应该以实体经济为基础，更好地服务和促进实体经济的发展。由于虚拟经济的独立运行性，它反过来还会对实体经济产生极大的影响。虚拟经济对实体经济的反作用主要表现在其阶段效应上，即不同发展阶段的虚拟经济对实体经济的影响与作用是不同的。根据虚拟经济发展的不同阶段，其对实体经济的反作用主要表现在：在初始阶段，虚拟经济对实体经济的影响主要表现为"递增效应"和"溢出效应"，在一定程度上虚拟经济对实体经济的持续增长起到促进作用，极大地促进实体经济的发展；随着虚拟经济的后续发展，对实体经济的影响也会转变为"挤出效应"和"破坏效应"，虚拟经济的过度膨胀和过分背离实体经济的发展，会吸引本属于实体经济的产业资本，排挤实体经济发展，结果造成实体经济发展缓慢甚至停滞、倒退，乃至对实体经济造成巨大的破坏作用[1]。

虚拟经济和实体经济交织发展，对于国家而言要从整体着眼处理好虚拟经济和实体经济的关系，以实体经济的发展为基础，适当发展虚拟经济，充分发挥虚拟经济对实体经济的正向作用；对企业集团的经营发展也提出了新课题，企业集团既要练好内功，大力发展实体经济，也要善于参与虚拟经济活动。

1.3.6　金融化

目前对金融化还存在不同的理解，主要的观点有以下四种。第一种，金融地位上升论。主要以戈拉德·A. 爱波斯坦为代表，他认为金融化就是"金融动机、金融市场、金融行为者和金融机构在国内国际经济中的地位不断上升"[2]。第二种，金融积累模式论。这种观点把金融化定义为一种积累模式，认为"在这种模式中，利润主要是通过金融渠道而非贸易和商品生产生成"[3]。根据这种观点，所谓金融化，就是非金融企业日益通过金融

---

① 邓瑛. 论新经济下虚拟经济的阶段发展与实体经济 [J]. 财贸研究，2004（1）：7.

② 戈拉德·A. 爱波斯坦. 金融化与世界经济 [J]. 国外理论动态，2007（7）：14 - 21.

③ 格·R. 克里普纳. 美国经济的金融化 [J]. 国外理论动态，2008（6）：7 - 15.

途径而非贸易和商品生产途径获取利润的积累模式①。我国的经济学者陈享光也有类似观点，他认为金融化的核心在于资本积累机制的金融化，金融化的广泛发展意味着资本积累机制的转变②。第三种，金融重心论。这种观点把金融化定义为"资本主义经济重心从生产到金融的长时间的转向"。第四种，剩余吸收论。自第二次世界大战结束以来，金融、保险和房地产业在很多国家经济中所占据的份额一直在提高。巴兰、斯威齐等认为这一趋势反映出垄断资本为了克服剩余的增长，将广义金融部门的扩张作为吸收剩余的手段之一，指出金融化已成为吸收剩余的最主要手段③。

综合上述观点，可以把金融化的概念阐释为由于资本积累机制的金融化，企业利润越来越较多地来源于金融渠道，来源于商品生产和贸易活动的利润在减少，金融市场、金融参与者和金融机构在经济运行中的地位不断上升。金融化致力于将货币流动性与资本增值两种功能的完美结合。

经济金融化是指经济与金融日益相互渗透融合及社会财富或资产日益金融资产化，并由此带来了经济关系日益金融化，这导致越来越多的作为经济活动参与者的企业和居民个体本身成为庞大金融体系的一个分子或微观影响因素，金融体系的任何波动与危机也和社会上越来越多的企业和居民个体的利害关系联系起来。21世纪，可谓是世界走向金融化的世纪，正如美国学者詹姆斯·里卡兹所言，"全世界金融联系的规模和复杂性呈指数增长""这更像一个充满金融威胁的新世界的开始"④。

因此，在经济日益金融化的背景下，作为经济参与主体的企业，既要大力发展工商产业等实业，提供过硬的产品和服务，发挥好产业资本的基础性作用；又要适当参与经济的金融化，发挥金融业资本的协同作用。而对于主权国家而言，正如张雄先生指出的，国家主权往往受到具有创新光环的金融机构或衍生品的攻击，主权极易被资本金融所控制，如希腊债务

---

① 戈拉德·A. 爱波斯坦. 金融化与世界经济 [J]. 国外理论动态，2007（7）：14－21.

② 陈享光，袁辉. 金融化积累机制的政治经济学考察 [J]. 教学与研究，2011（12）：45－52.

③ 保罗·巴兰，保罗·斯威齐. 垄断资本：论美国的经济和社会秩序 [M]. 南开大学政治经济学系，译. 北京：商务印书馆，1977：135.

④ 詹姆斯·里卡兹. 谁将主导世界货币——即将到来的新一轮全球危机 [M]. 常世光，译. 北京：中信出版社，2012：8.

危机，至今不能自拔；金融战争在诸多领域替代了传统的军事战争，政治家们深刻地体悟到：注重 21 世纪资本金融大格局的战略，远比考量军事大格局战略更紧迫。拥有智能化的现代资本金融体系乃是一个国家掌握自身命运主动权的关键①。

1.3.7 组 织

在社会科学领域中，组织是一个内涵丰富的概念，既可以作为"实体"理解，也可以作为"过程"理解。前一种理解指各种要素按照一定方式相互联系而结成的某种结构，后一种理解指按照一定的规则和方式对各要素进行协调，以实现特定目的。新制度经济学派认为组织本质上是一种契约关系，周其仁（2002）将组织视为一整套的人力资本和非人力资本的特别合约结构；邓宏图（2011）认为组织是利益高度相关者的合约选择，它能向作为一个整体的组织成员提供稳定的预期收入流并足以补偿由于创建组织和运行组织带来的交易成本及管理成本。公共选择学派的代表人物布坎南（Buchanan，2000）指出，人类社会的组织形态有三种：纯粹的个人主义行为、私人共同组织的行动、集体行动或政府行动。

本书认为，广义上讲，组织包括一切人类以正式或非正式契约联结而形成的结构，包括国际组织、国家、政府、市场、企业、家庭等；狭义上讲，组织包括有统一利益诉求的、以正式契约联结的结构，包括政府、企业等。根据研究需要，本书所指的组织为狭义的组织概念。

根据利益相关者理论，与产融结合实现紧密相关的组织是企业和政府。产融结合实现的主体是企业组织。政府既是产融结合实现的制度供给者也是产融结合实现的监管者。同时，我国的经济制度是以公有制为主体，多种所有制形式并存，公有制经济中全民所有制经济占有主体地位。现阶段以国家所有制作为全民所有制的具体实现形式，由国家代表全体人民行使全民财产产权。实践中由中央政府经营管理中央企业，地方政府经

---

① 张雄. 金融化世界与精神世界的二律背反 [J]. 中国社会科学，2016（1）：4 – 21.

营管理地方政府所属企业，确保国有资产的保值增值。无论是中央政府所属的央企还是地方政府下辖的国有企业，往往资产体量大，开展多元化经营是产融结合实现的重要主体之一。因此，本书从组织层面的分析，主要从企业和政府两个方面展开。

本书中企业的含义指以盈利为目的，通过运用各种生产要素，向市场和社会提供产品或服务，实行自主经营、自负盈亏、独立核算的法人或其他社会经济组织。

政府，是国家权力机关的执行机关，是国家行政机关，即一个国家政权体系中依法享有行政权力的组织体系。政府职能也叫行政职能，是指行政主体作为国家管理的执法机关，在依法对国家政治、经济和社会公共事务进行管理时应承担的职责和所具有的功能。经济职能是政府职能的重要内容之一，指政府为国家经济的发展，对社会经济生活进行管理的职能。在社会主义市场经济条件下，我国政府主要有四大经济职能：（1）经济调节职能；（2）公共服务；（3）市场监管；（4）社会管理。本书中政府层面的研究，主要是就其经济职能而言的。

与产融结合实现的政策制定、组织实施、监督管理等紧密相关的中央政府所属组织主要有财政部、国务院国有资产监督管理委员会、中国人民银行、银保监会、证监会，这主要是与其职能定位有关。

由于我国银行业存量资产占金融业资产的90%以上，其中五大国有银行占银行业总资产的43%，这意味着五大国有银行的总资产占到全社会金融资产的40%左右。而我国财政部与汇金公司以绝对的优势控制了中国工商银行、中国农业银行、中国银行、中国建行银行四大国有银行和国家开发银行，以第一大股东控制了交通银行、光大银行。这意味着，中国金融资产中超过50%是由财政部和汇金公司联合控制的。由于汇金公司以前由央行监管，现在转为中投公司下属公司，这意味着，汇金与财政部为一致行动人，中央政府通过财政部控制着中国金融业的半壁江山。从股权上来看，财政部是中国金融系统的实际控制人。①

国务院国有资产监督管理委员会为国务院直属特设机构，根据国务院

① 汪喆. 汇金家底超3万亿元 占金融业总资产半壁江山［N］. 时代周报，2015 - 09 - 22.

授权，依照《中华人民共和国公司法》等法律和行政法规履行出资人职责，监管中央所属企业（不含金融类企业）的国有资产，加强国有资产的管理工作，承担监督所监管企业国有资产保值增值的责任。

中国人民银行，简称央行，是中华人民共和国的中央银行，是中华人民共和国国务院组成部门。在国务院领导下，制定和执行货币政策，防范和化解金融风险，维护金融稳定。

中国银行业监督管理委员会，简称中国银监会或银监会，是国务院直属正部级事业单位。根据国务院授权，统一监督管理银行、金融资产管理公司、信托投资公司及其他存款类金融机构，维护银行业的合法、稳健运行。中华人民共和国保险监督管理委员会，简称中国保监会，是国务院直属正部级事业单位，根据国务院授权履行行政管理职能，依照法律、法规统一监督管理全国保险市场，维护保险业的合法、稳健运行。两者于2018年合并成立中国银行保险监督管理委员会，简称中国银保监会，是国务院直属事业单位，其主要职责是依照法律法规统一监督管理银行业和保险业，维护银行业和保险业合法、稳健运行，防范和化解金融风险，保护金融消费者合法权益，维护金融稳定。

中国证监会为国务院直属正部级事业单位，依照法律、法规和国务院授权，统一监督管理全国证券期货市场，维护证券期货市场秩序，保障其合法运行。

上述各机构的职能概述资料均源于其官方网站机构职能的相关介绍。

1.4　文献述评

1.4.1　国外的相关研究

1. 经典马克思主义作家与国外马克思主义经济学对产融结合实现机制的研究

（1）经典马克思主义作家对产融结合实现机制的研究。马克思主义金融资本理论是与产融结合实现机制相关的最早的理论研究。马克思、恩格斯是马克思主义金融资本理论的奠基人，总体上奠定了马克思主义金融资本理论的内核和方法论基础，其奠基性研究集中体现在马克思、恩格斯对资本主义经济资本积累一般规律的研究上，马克思、恩格斯在研究资本主义资本积累规律的基础上预见了资本主义经济向垄断发展、资本主义信用制度和股份公司产生的必然性。列宁在批判吸收拉法格、希法亭等相关研究的基础上，继承发展了马克思主义金融资本理论，着重强调了垄断是金融资本产生的最深刻基础；还发展了马克思的资本积累理论，发现了资本的货币形式在资本的增殖和积累过程中逐渐占据主导和统治地位，资本主义的积累方式不再仅仅通过价值和使用价值的转换来实现，并在此基础上，深刻揭露了金融资本的寄生性和腐朽性的特点。

（2）国外马克思主义经济学对产融结合实现机制的研究。拉法格在马克思、恩格斯之后，充分关注到了垄断在金融资本形成中的基础性地位，看到了工业资本与银行资本日趋结合的趋势，提出了"金融资本"这个概念，首开对资本主义经济垄断特征进行系统研究的先河。从其研究来看，他的研究重心主要基于宏观角度研究金融资本对于资本主义经济、政治、文化等方面的影响。希法亭虽由于其对金融资本的研究建立在流通决定论基础上而受到多方诟病，但正是由于他的研究开启了金融资本理论研究的系统化进程，深入产融结合实现的内在机制，即信用和股份公司的发展为产业资本和银行业资本的结合创造了条件。希法亭的研究遵循了马克思、恩格斯对资本主义发展的研判，将研究落脚于对资本主义的"某种发展趋势"的预测上，提出了"有组织的资本主义"理论。20世纪70年代末，信息化、全球化、金融化和新自由主义化飞速发展，当代资本主义经济中金融资本的统治地位或者支配地位又获得了巨大的发展，一些当代西方马克思主义经济学者将当代资本主义称作国际金融垄断资本主义，认为金融资本在时间和空间上对生产实现了全面控制，资本主义积累机制金融化（John Bellamy Foster，2001）。

总体来看，马克思主义金融资本理论是将金融资本作为资本主义的一个重要发展阶段来研究，金融资本是继商业资本、产业资本占资本主义主导地位之后资本主义后期的一个重要发展阶段。从产融结合实现机制的视角来看，马克思主义金融资本理论对产融结合实现的分析从资本这个原点出发，侧重从资本运行层面解析金融资本对社会制度变革的影响。从产融结合实现机制运行的全过程来看，马克思主义金融资本理论涉及产融结合实现机制的基础、产融结合实现机制的动力和产融结合实现机制的风险调控三个方面内容的分析。

2. 西方经济学对产融结合实现机制的相关研究

从整体上来看，西方经济学对产融结合实现机制的相关研究侧重于从企业的经营管理层面解析产融结合，分析产融结合实现对企业绩效的影响、对企业控制权力的冲击，以及产业资本和金融业资本的竞争与协同关系。

主要研究观点如下：其一，以赖特·帕特曼（1968）、贝恩·明兹和迈克尔·施瓦兹（1985）为代表的金融机构控制论。金融机构控制论对产融结合实现的研究以经验数据的实证研究为基础，在实证研究的基础上作了理论上的总结。金融机构控制论主要从金融业组织和工商产业组织相互之间的关系以及企业组织内部的治理结构展开研究，充分关注了金融资本对社会经济关系的巨大影响，但他们的研究只限于金融资本对经济制度的影响。其二，由加尔布雷斯等为代表的金融资本消失论（加尔布雷斯，1952），他们敏锐地注意到了第二次世界大战后大型财团表现出财富巨额化、股权分散化以及资本社会化程度提高等资本主义经济发展中的新现象，据此他们认为金融资本已经解体或消失。由于他们被资本主义发展中的一些表面现象所迷惑，没有看到金融资本控制方式由直接控制转为间接控制的本质。其三，以青木昌彦和钱颖一（1995）、休·帕特里克（1966）为代表的银企关系制度论。该流派主要从银行与企业之间的关系着手，既注重分析银行、企业以及二者之间的微观组织结构，又注重分析银企之间关系对宏观经济运行的影响。银企关系制度论较为细致地研究了产融结合实现模式的类型、产融结合实现的内在机理和产融结合实现对于一个国家或者地区经济增长的重要意义。

近些年来，也出现了从战略管理学研究产融结合实现的文章，如李斯坦·肖等（Li Stan Xiao et al.，2004）从协同创新和运营效率角度对产业企业进入保险行业的效果作了实证研究。研究结论认为，产融结合实现后的协同效应、内部资本市场效应不显著并存在大量无效性，产融结合策略对产融集团绩效的有效性不显著，产融结合的经济效果不明显[1]。凯文等（Kevin et al.，2006）的研究也得出了与上述观点相似的结论，即产融结合策略对企业的运行效率的提升并不明显[2]。

格申克龙（Gerschenkron，1962）研究了德国万能银行，认为后发展国家应当采取积极措施鼓励本国产业资本与金融业资本相结合，加速资本积累与循环，解决早期工业化资本形成问题[3]。柯林斯（Collins，1998）研究了欧洲万能银行，指出产融结合解决了资本市场的欠发达以及银行和潜在借款人之间的信息不对称问题[4]。由于日本的特殊金融制度（主银行制），日本学者后藤（Goto，1982）针对日本以银行为核心的企业集团产融结合现象，将交易成本理论延伸至这一领域[5]。蒂斯（Teece，1982）的研究表明，资源的稀缺性、异质性和流动性决定企业必然要扩张进入不同市场以获取竞争优势，证明了企业发展到一定阶段实施产融结合战略的必要性[6]。斯坦因（Stein，1997）等证实了在企业之间的收购、兼并、重组等资本运营方式，可以借助产融结合协调降低交易费用[7]。卡南等（Khann et al.，2007）的研究认为实体产业参股、控股银行、保险等金融机构，使产业资本与金融资本相互融合，可以减少实体企业与金融类企业之间的信息不对称（Khanna and Yafeh，2007）[8]。玛西亚（Marcia，

---

[1] Li Stan Xiao, Greenwood R. The Effect of Within-Industry Diversification on Firm Performance: Synergy Creation, Multi – market Contact and Market Structuration [J]. Strategic Management Journal, 2004, 25（12）: 1131 – 1153.

[2] Kevin J. Stiroh, Adrienne Rumble. The Dark Side of Diversification: The Case of US Financial Holding Companies [J]. Journal of Banking & Finance Finance, 2006, 30（8）: 2131 – 2161.

[3] Gerschenkron, A. Economic Backwardness in Historical Perspective—A Book of Essays [M]. Cambridge: Harvard University Press, 1962.

[4] Collins, M. English bank development within a European Context: 1870 – 1939 [J]. Economic History Review, 1998, 51（1）.

[5] Goto, A. Business group in a market economy [J]. European Economic Review, 1982, 19 （1）.

[6] Teece, D. J. Internal Organization and Economic Performance: An Empirical Analysis of the Profitability of Principal Firms [J]. Journal of Industrial Economics, 1981, 30（2）: 99 – 173.

[7] Stein, J. C. International Capital Markets and the Competition for Corporate Resources [J]. The Journal of Finance, 1997, 52（1）: 111 – 133.

[8] Khanna T., Y. Yafeh. Business Groups in Emerging Markets: Paragons or Parasites?[J]. Journal of Economic Literature, 2007, 45（2）: 331 – 372.

2009）等的研究结果也得出了产融结合策略可以较为明显地提升企业绩效的观点。

从产融结合实现的全过程来看，西方经济学产融结合相关学说侧重于产融结合实现后运行、调控等内容的解析。

1.4.2　国内的相关研究

1. 中国化马克思主义经济学对产融结合实现机制的相关研究

20 世纪 80 年代以来，针对当代金融资本在资本主义经济中支配地位和统治地位获得的巨大发展，我国一些学者在马克思主义金融资本理论的基础上，对马克思主义金融资本理论作了一些发展研究。例如，对金融资本内涵的拓展研究（吴大琨，2006；张宇，2009）；结合 2008 年全球性金融危机对当代金融垄断资本主义的特征和趋势的研究（李慎明，2010；何秉孟，2010）。陈享光等（2009）研究认为，当代资本主义积累方式日益金融化和虚拟化，造成了其国内资本运动的矛盾累积和经济失衡；世界范围内货币资本与实体资本、虚拟经济与实体经济的矛盾累积和失衡，造成世界范围的资本扩张和收缩运动，最终引发金融危机[①]。特别需要引起我们重视的是程恩富、杨斌（2014）通过他们的研究，认为当代世界已进入金融主导型国际垄断资本主义的新阶段，发动大规模掠夺财富的金融战争是其关键性新特征。这种新特征可称为"新型的金融战争垄断"，或者说是出于发动金融战争掠夺财富的需要，当代西方金融资本形成新型特殊高度垄断格局[②]。还有栾文莲（2014）的研究认为随着金融资本的全球化、金融运行的虚拟化机制等原因，当代金融垄断资本主义发展中金融与产业分离的趋势愈加显著[③]。

---

① 陈享光，袁辉. 金融资本的积累与当前国际金融危机 ［J］. 中国人民大学学报，2009（4）：9 – 15.

② 程恩富，杨斌. 当前美国金融垄断资本主义的若干新变化 ［J］. 当代世界与社会主义，2014（1）：109 – 113.

③ 栾文莲. 金融垄断资本主义发展中金融与产业分离的趋势 ［J］. 中共四川省委省级机关党校学报，2014（1）：26.

总体上相关研究虽然数量还不算多，但是却不失理论的深刻，他们对于当代资本主义发展的最新特征和当代金融资本的最新发展作出了很好把握和描述。在研究思路上沿袭了马克思主义金融资本理论研究的传统，侧重于宏观的趋势性研究，较少涉及微观领域的研究。

2. 借鉴西方经济学对产融结合实现机制的相关研究

产融结合作为一种经济机制，必须构筑在相应的经济制度和经济体制的基础上。改革开放 40 多年来我国在经济制度上逐步确立起以生产资料公有制为主体、多种所有制经济共同发展的经济制度，具体而言，包括国有经济、集体经济、个体经济、私营经济、外资经济以及混合所有制经济等。公有制的实现形式采用了股份制、股份合作制、承包制、租赁制等。我国的经济体制改革经历了"计划经济—有计划的商品经济体制—计划与市场内在统一的经济体制—社会主义市场经济体制目标的确立"。市场经济体制是产融结合实现机制的体制基础，股份是产融结合链接的纽带。产融结合实现经历了"萌发—形成—发展—规范"几个阶段，学术界对产融结合实现机制的研究也呈现出明显的阶段性。本研究分为四个阶段来概述主要的研究。

第一个阶段，我国产融结合的萌发阶段（1978～1992 年），主要的研究成果如下。

学术界对产融结合实现的理论探讨始于股份制，宋养琰（1989、1990）在论述股份制的同时提出了"实行产融结合是深化企业改革的有效形式；产融结合，形成多种实业集团和财团，也是商品经济在我国发展的必然趋势；公司的发展必然导致产融结合和金融化"[1][2]。曹凤岐（1989）首开明确、集中论述产融结合的先河，提出了"产融结合是社会化大生产的必然趋势"和"通过产融结合的道路就能促进我国企业股份制的进程"的观点；从"产业和金融业在商品经济中的内在结合

---

[1] 宋养琰. 论股份制及其在我国深化企业改革中的地位和作用 [J]. 社会科学辑刊，1989 (2): 80.

[2] 宋养琰. 正确认识股份制组建和发展过程中产权关系的演变 [J]. 经济研究，1990 (5): 46.

或融合"定义了产融结合；认为产融结合包括信息和股权两个层面的融合①。

王红五（1991）初步论述了产融结合实现的两个方面的动力，即银行贷款和企业存款；产融结合实现的三种类型，即产业办金、金融通过控股兼并企业和协议型银企联合②。王铁男、李艳岩（1991）认为产融结合是企业集团必须具备的条件③。姚宏高（1992）提出了 20 世纪 90 年代初我国产融股份结合的条件还不成熟的观点④。杜益明则把这个阶段的产融结合研究作了一个小结，他将竞争归结为产融结合的主要推动力，认为产融结合的推进首先是从某一行业开始再扩展和注入其他行业。他认为产融结合的基本组织形式是股份公司；财团是产融结合的综合体，是经济发展到一定阶段的有效竞争主体；银团是适应现代经济发展多样化的又一有效的产融结合形式；而投资银行（如信托投资公司）是产融结合的重要催化剂和控制系统；在宏观调控意义上的产融结合，是国家干预经济的具体体现，是国家加快经济发展的重要手段⑤。

该阶段是我国产融结合的萌发阶段，从本阶段的研究来看，对产融结合的理论研究尚处于起步阶段，主要聚焦于产融结合定义、产融结合动因、产融结合层次的初步解析。该阶段值得注意的是有学者提出了"产融结合是社会化大生产的必然趋势，是我国商品经济发展的必然趋势，是公司发展的必然趋势"的观点。

第二阶段，我国产融结合的形成阶段（1993～2002 年），主要的研究成果如下。

（1）西方国家产融结合实现机制的经验和趋势的研究。张奇英介绍了西方发达国家产融结合的两点趋势，即从分离银行制到全能银行制和从信贷联系到产权联系⑥。李扬等较为系统地评述了主要发达市场经济体国家产融结合发展的历史，研判了产融结合的趋势，针对我国当时的情况提出

① 曹凤岐. 走产融结合的新路 [J]. 农村金融研究，1989（5）：48.
② 王红五. 产融本一家 联合渡难关 [J]. 华东经济管理，1991（4）：41.
③ 王铁男，李艳岩. 我国目前不具备发展企业集团条件 [J]. 求是学刊，1991（5）：44.
④ 姚宏高. 对我国产融股份结合的认识与思考 [J]. 金融管理与研究，1992（4）：23.
⑤ 杜益明. 产融结合论 [J]. 浙江金融，1992（8）：21.
⑥ 张奇英. 西方发达国家产融结合的趋势 [J]. 财经理论与实践，1995（2）：29.

了发展产融结合的政策建议①。姚先国、程迅（1995）开始用西方经济学交易费用理论解析产融结合，他们认为产融结合这种银企关系的模式大大节约了银企之间的交易费用，有助于经济效率的提高②③。

（2）产融结合实现机制基础的研究。魏杰（1997）认为产融结合既是政策性问题、技术操作问题，还是体制问题，论证了产融结合的体制基础是国有企业的股份化改造和国有股上市流通④。余鹏翼（2002）结合制度经济学的相关理论认为我国产融结合的关键在于制度安排和制度创新，在于股份制改造、建立现代企业制度和完善资本市场⑤。

（3）产融结合实现机制与银企关系的研究。由于当时严重的银企债务危机，引致新一轮银企关系的讨论，不少学者提出了债权股权化的对策⑥⑦。白钦先（1997）认为我国不宜实行主办银行制，因为债权股权化不但不能解决银企债务危机，反而可能继续产生大量的不良债权债务，所以在我国现行条件下，债权股权化方案是行不通的⑧。房汉廷（1997）提出了应该警惕产融联姻的弊端，他认为虽然不否定产融联姻的合理内核，但产融联姻绝不是中国拯救金融和发展实业的出路⑨。操建华（1998）认为，从宏观的产业分工和我国现有的经济社会条件、银行和企业的共同需要以及防范和化解金融风险出发，在处理银行不良贷款的过程中，银行不宜参股企业；在处置银行不良贷款的过程中，可以考虑成立政策性的专业资产管理机构接受银行的不良债权，而不宜将银行对企业的债权直接转为对企业的股权，企业也应围绕主业开展金融服务⑩。在产融结合开启的情势下，白钦先、房汉廷、操建华等认识到了产融结合实现带来的负效应，

---

① 李扬，王国刚，王军，房汉廷. 产融结合：发达国家的历史和对我国的启示 [J]. 财贸经济，1997（9）：3.

② 姚先国，程迅. 交易费用与产融结合 [J]. 浙江金融，1995（9）：9.

③ 程迅. 产融结合的理论分析 [J]. 浙江大学学报（人文社会科学版），1996（1）：104.

④ 魏杰. 产融结合的体制基础 [J]. 财经科学，1997（5）：1.

⑤ 余鹏翼. 产融结合的制度变迁及制度安排 [J]. 经济学动态，2002（6）：31.

⑥ 葛兆强. 产融结合：国有银企关系重建的制度基础 [J]. 人文杂志，1999（1）：62.

⑦ 南京金融高等专科学校课题组. 产融结合：国企债务重组的最佳选择 [J]. 南京金专学报，1998（3）：14.

⑧ 白钦先. 产融结合，主办银行与重塑银企关系 [J]. 城市金融论坛，1997（10）：7.

⑨ 房汉廷. 警惕产融联姻的弊端 [J]. 改革，1997（4）：5.

⑩ 操建华. 产融结合是否应相互参股 [J]. 金融研究，1998（9）：46.

预见性地提出了产融结合实现风险的警示。

（4）产融结合实现机制模式的研究。黄明（1999）通过比较政府主导型、企业主导型、银行主导型、市场主导型四种全球范围内的产融结合模式，从制度经济学路径依赖的视角，提出目前世界上主要发达资本主义国家的产融结合实现的模式存在趋同化的趋势，一方面，英美模式开始重视银行在公司治理结构中的作用；另一方面，日本模式开始弱化银行对企业的控制①。袁晶（2001）通过对产融结合的一般理论、不同类型的产融结合实现模式及其经济效率等方面的比较分析，提出构建符合我国具体国情的银行主导型产融结合模式②。邓艳梅（2002）从产业需求与金融供给相互适应的角度，提出我国应该在市场机制基础上，建立由政府引导的混合型的产融结合实现模式③。产融结合实现模式在此期间的研究达到了系统化的高度，特别是黄明对产融结合模式的比较分析，后来者都是在其研究的基础上的简单修补，他对产融结合实现模式趋同化的预言具有极强的前瞻性。

除上述四个研讨主题外，产融结合的内涵在此期间也逐步厘清。郑文平等（2000）在传统马克思主义金融资本理论基础上，发展了金融资本这个概念，认为金融资本是以取得收益和增值为目的而进入金融市场交易且最终进入实际产业部门的那部分权证；产融结合是通过信贷联系和资产证券化实现的人力资本结合、信息共享等④。葛兆强（1999）在辨析理论界常见的四种产融结合观的基础上，从狭义与广义的角度分别重新定义了产融结合，他认为广义上的产融结合包括间接融资与直接融资的结合、融资与投资的结合，社会储蓄向投资转化的过程就是产融结合的过程；狭义的产融结合是指工商企业与金融企业在经济运动中通过债权、股权和人事安排以及信息、技术、服务等纽带以利益共享和风险共担为基础，相互融合、同生共长的一种格局，其突出标志是金融资本的形成⑤。郑文平从狭

---

① 黄明. 产融结合模式的国际比较与制度分析 [J]. 学习与探索，1999（2）：38.

② 袁晶. 产融结合模式初探 [D]. 厦门：厦门大学硕士学位论文，2001.

③ 邓艳梅. 产融结合模式的国际比较分析及借鉴 [D]. 杭州：浙江大学硕士学位论文，2002.

④ 郑文平，苟文均. 中国产融结合机制研究 [J]. 经济研究，2000（3）：47.

⑤ 葛兆强. 产融结合：国有银企关系重建的制度基础 [J]. 人文杂志，1999（1）：62.

义的角度定义了产融结合，葛兆强区分了广义和狭义，对产融结合的认识达到了新的高度。

1993~2002年，是我国产融结合的形成期。产融结合的实现随着社会主义市场经济体制框架的逐步建立、细化落实和我国加入世界贸易组织，形成了财务公司、国有企业控制的股份制金融机构、民营企业控制的股份制金融机构并存的产融结合组织体系。理论界对产融结合的内涵和模式的研究形成了较为成熟的理论性认识；初步认识了产融结合实现的负效应，白钦先、房汉廷、操建华等较早发出了产融结合风险的预警；对产融结合的发展趋势有了进一步的研究。

第三阶段，我国产融结合的发展阶段（2003~2012年），主要的研究成果如下。

（1）产融结合实现机制的有效性研究。产融结合实现的有效性是产融结合实现机制的关键，引起了学界众多学者们的重点关注。傅艳（2004）认为产融结合只是一个中性概念，并不涉及这种结合所产生的结果是有利于还是不利于经济发展；在产融结合的实践中，可能会产生有效、无效和负效三种结果，因此树立产融结合的有效观，避免无效或负效的结合是产融结合中一个十分重要的现实问题。[①] 李革森（2004）通过实证研究认为金融企业参股比例与上市公司经营绩效的相关程度会随着参股比例的上升而增强，而且当参股比例超过一定临界值（10%）以后上市公司的收益水平会随参股比例的提高而显著上升，我国应积极推进依托资本市场的产融结合，鼓励上市公司吸纳更多的金融企业股东，并努力提高金融企业股东的股权比例[②]。张庆亮、孙景同从企业经营绩效角度就我国产融结合有效性进行了定量分析，得出我国企业产融结合总体上有效性不显著，存在大量无效和负效性，但随着结合程度的提高，其有效性也在不断提高[③]。程宏伟等（2008）的研究认为我国上市公司产融结合程度低，产融结合行

---

① 傅艳. 产融结合简析 [J]. 中南财经政法大学学报，2004（1）：69.

② 李革森. 我国产融结合的绩效检验——来自证券市场的证据 [J]. 开放导报，2004（2）：101.

③ 张庆亮，孙景同. 我国产融结合有效性的企业绩效分析 [J]. 中国工业经济，2007（7）：96.

为对经济绩效的提升没有显著地影响；产融结合更倾向于投资理财行为，而不是基于战略的资源整合行为；与银行、证券公司进行产融结合略微提高了非金融上市公司的经济绩效；与财务公司进行产融结合的上市公司经济绩效得到较大提升；产融结合经济绩效最差的是与信托业结合模式①。

（2）热点事件对产融结合实现机制的冲击性影响研究。产融结合作为一种重要的经济现象，跟国际国内的经济环境息息相关。在此期间，我国产融结合的经济环境发生了很多重要的变化。首先是加入世界贸易组织对我国产融结合的影响，朱晖（2003）认为"我国加入 WTO 是诱发新一轮产融结合高潮的根本诱因"②。还有对 2008 年的全球性经济危机对产融结合影响的分析，吴越、赵守国通过历史分析，认为"20 世纪以来的金融危机都与产融结合存在着一定的因果关联，虽然产融结合存在很多的问题，但产融结合是市场经济发展的本质要求，产融结合的运行监管不力是金融危机发生的一个原因，产融结合本身并没有问题，应该兴利除害，促进产融结合的健康发展③。"

（3）产融结合实现机制的风险研究。赵昌文、朱鸿鸣（2013）认为央企产融结合给企业内部带来四个方面的风险：一是经营风险，二是投资组合风险，三是财务杠杆风险，四是金融控股集团所带来的风险；外部存在三个方面的风险：一是产业空心化风险，二是内部交易所带来的风险，三是产融结合失败带来的风险④。孙源、吴娜（2012）认为产融结合的风险来自三个方面，产业与金融无法有效协同带来的风险、利用金融优势盲目扩张带来的风险、产业集团对金融机构风险估计不足带来的风险⑤。徐以升（2009）认为对于中国新一轮产融大结合来说，应充分把握风险尺度，

① 程宏伟，常勇，刘丽. 我国上市公司产融结合实证研究［J］. 吉林工商学院学报，2008（5）：35.
② 朱晖. 入世带来我国产融结合的新发展［J］. 世界贸易组织动态与研究，2003（7）：29.
③ 吴越，赵守国. 金融危机背景下加强产融结合管理若干思考［J］. 经济研究导刊，2009（26）：96.
④ 赵昌文，朱鸿鸣. 央企产融结合的技术分析［J］. 上海国资，2013（1）：35.
⑤ 孙源，吴娜. 防范产融结合的潜在风险［N］. 中国社会科学报，2012－04－09.

明示"红线"①。杜国功、高文燕（2012）针对我国中央企业产融结合现状提出了构建中央企业产融结合监管体系的思路：一是明确金融资产监管的责任主体；二是健全完善中央企业金融资产监管制度体系，三是构建中央企业金融资产监管协同联动机制②。

（4）产融结合实现机制在具体行业和企业集团中的运作研究。产融结合是一把"双刃剑"，存在着固有的风险，但没有阻止产融结合前进的步伐，为回应产融结合实现的要求，学术界开始深入对产融结合在某个行业或者某个企业集团中实现的具体研究。例如，李岚（2008）对房地产行业产融结合实现的研究，从房地产业与金融业关系的分析入手，对中国房地产业产融结合的必要性、条件、形式和效应等作了研究，提出了双向渗透的我国房地产业产融结合的目标模式③。再如，赵洪武（2010）对铁路行业产融结合的研究，在理论分析的基础上，通过构建相应的模型，比较了铁路产业资本与金融业资本在不同融合方式下，铁路部门的运营状况、融资成本、收益状况，论证了只有铁路产融资本融合模式是解决铁路投融资难题、有效改善铁路财务状况和经营业绩、实现铁路行业跨越式可持续发展的最佳选择④。苏云成（2012）对我国央企产融结合作了专门研究，在理论研究和国内外产融结合实现经验分析的基础上，提出国家应该顺应经济发展规律和企业发展趋势，支持具备条件的大型产业集团走产融结合之路，同时要完善相关法律制度，严格把关，加强监管，引导企业谨慎稳妥地推进产融结合⑤。又如，中国企业联合会课题组姚晔、李建明、胡迟（2007）研究了中信集团成为一家以金融为主业，涉及实业和其他服务业三大领域的具有国际竞争力的国有大型跨国投资控股公司的历程、战略⑥。

---

① 徐以升. 产融大结合还要不要"红线"？[N]. 第一财经日报, 2009 – 11 – 05.
② 杜国功, 高文燕. 中央企业产融结合及金融资产监管研究 [J]. 金融教学与研究, 2012 (3)：12.
③ 李岚. 中国房地产业产融结合研究 [D]. 上海：华东师范大学, 2008.
④ 赵洪武. 中国铁路产融资本融合研究 [D]. 北京：北京交通大学, 2010.
⑤ 苏云成. 中央企业产融结合研究 [D]. 北京：财政部财政科学研究所, 2012.
⑥ 中国企业联合会课题组姚晔, 李建明, 胡迟. 中信集团发展的成功经验及启示 [N]. 中国企业报, 2007 – 11 – 27.

（5）产融结合实现机制发展趋势研究。产融结合实现的国际国内发展趋势是一个广受关注的问题。刘保华（2003）通过分析认为以资本市场为金融资本配置基础的产融结合模式正在成为世界各国产融结合战略调整的方向，资产证券化将是我国由现阶段的产融结合模式向目标模式演化的现实和可行的选择[①]。巴曙松（2010）肯定了产融结合发展的方向和趋势，同时也强调了产融结合实现中风险控制的重要性。他认为从企业的微观层面看，只要风险控制得当，产融结合无论是对工商企业还是对金融企业，都不失为一种双赢之举；控制好风险和收益的平衡、把握好政策和制度的约束力、做好人才和机制的突破，企业就可以在产融结合的平台上长袖善舞，实现跨越式发展[②]。史晨昱（2010）分析认为国际范围内产融结合有三大特征：一是产业与金融业有机互动；二是走以主业为中心的产融结合道路；三是有效整合资源[③]。李惠彬等（2011）将耗散结构理论应用到产融结合研究领域，对我国 1998～2008 年产融结合体系进行了熵变解析，认为我国产融结合体系日趋稳固，金融资本与产业资本的结合度也日趋紧密[④]。

2003～2012 年是我国产融结合的发展期。该阶段对产融结合实现机制有效性的理论分析和实证研究、产融结合实际操作运用中正反案例的反思、产融结合实现机制的风险控制的研究，标志着产融结合实现研究的进一步深化，达到了一个新的更加自觉的高度，对产融结合有了一个更全面的认识和理解。产融结合实现的具体应用研究以及产融结合实现的国际国内发展趋势研究反映了实践对产融结合实现深入具体、精准把握的需要。耗散结构理论在产融结合研究中的运用反映了产融结合实现研究寻求新突破的要求。

第四阶段，我国产融结合实现的规范阶段（2013 年至今），主要的研

---

① 刘保华. 资产证券化与我国产融结合模式的演进 [J]. 技术经济与管理研究，2003（4）：56.

② 刘文波. 央企产融结合的趋势与挑战——访著名经济学家、国务院发展研究中心金融研究所副所长巴曙松 [N]. 中国航空报，2010－05－20.

③ 史晨昱. 国际产融结合三大特征 [J]. 第一财经日报，2010－08－19.

④ 李惠彬，董琦，曹国华. 基于熵理论的我国产融结合趋势分析 [J]. 统计与决策，2011（11）：85.

究成果如下。

党的十八大以来党和国家各方面的事业都取得了历史性变革和历史性成就，党的十九大作出中国特色社会主义进入了新时代的重大政治判断，确定新时代的奋斗目标和战略安排，对新时代推进中国特色社会主义伟大事业作出全面部署。党的十九大报告提出深化金融体制改革，增强金融服务实体经济的能力。党的十九届四中全会进一步指出要健全具有高度适应性、竞争力、普惠性的现代金融体系。构建惠普性、服务性的现代金融体系，是党中央为新时代实体经济与金融业融合发展提出的顶层设计思路。在 2017 年 7 月召开的全国金融工作会议上，提出要规范金融综合经营和产融结合发展，标志着我国产融结合实现进入规范发展阶段。

李维安等（2014）基于产融结合的微观经济效应研究认为，企业实施产融结合降低了企业的投资效率[1]。万良勇等（2015）研究认为企业产融结合可以缓解融资约束，降低贷款成本[2]。张建刚等（2018）基于"一带一路"倡议的视角研究认为我国金融资本只有与产业资本深度融合才能更好地走出去[3]。赵通和任保平（2018）针对实际经济中资本"脱实向虚"和实业资本错配的双重困境，指出产融结合可选择壮大以政府为主导的大型企业和扶持中小企业两种产融结合发展模式，从而突破实体经济高质量发展的瓶颈和障碍，并提出了防范化解产融结合风险的策略[4][5]。刘亮和朱慧敏（2018）基于 2002~2016 年我国沪深两市公告进入金融业的非金融上市公司的数据，实证研究了上市公司进行产融结合的财务效应和股票市场反应[6]。何德旭、郑联盛（2017）研究认为

---

① 李维安，马超. "实业 + 金融"的产融结合模式与企业投资效率——基于中国上市公司控股金融机构的研究 [J]. 金融研究，2014（11）.

② 万良勇，廖明情，胡璟. 产融结合与企业融资约束——基于上市公司参股银行的实证研究 [J]. 南开管理评论，2015（2）.

③ 张建刚，张云凤，康宏. 产融结合视角下我国金融业沿"一带一路"走出去的思考 [J]. 国际贸易，2018（3）.

④ 赵通，任保平. 金融资本和产业资本融合促进实体经济高质量发展的模式选择 [J]. 贵州社会科学，2018（10）.

⑤ 赵通，任保平. 新时代我国产业资本与金融资本结合的风险及其防范策略 [J]. 人文杂志，2019（3）.

⑥ 刘亮，朱慧敏. 我国上市公司产融结合的效应分析——基于产业资本参股金融机构的实证研究 [J]. 金融评论，2018（6）.

在经济新常态背景下，在我国产融结合的发展过程中存在一些问题和风险，要规范产融结合的发展①。

1.4.3　一个总体性述评

综观以上研究可以说，产融结合长期以来一直都是理论界的一个热点话题，引发了国际国内学者的广泛关注。这些国内外的研究成果，有的为本书提供了研究方法上的启示，有的为本书提供了理论借鉴，有的为本书提供了研究的逻辑起点，对本书提供了研究价值所在。这些对本研究的展开都是十分重要和必需的，是本书继续研究的基础。但是综观上述众多的文献，对产融结合实现这个主题尚缺乏一个较为系统的研究。由于研究目的的限制或者是研究动机的差异，这些众多的研究没有把资本、产业和组织三个层面联系起来深入考察产融结合实现的内在机理。因此，本书将从国内外产融结合实现发展的客观现实需要出发，在扬弃既有的研究成果基础之上，拟用系统论的视角、多学科协同的方法和技术手段，揭示和探寻产融结合实现机制、实现途径和产融结合的规范发展。

第一，产融结合实现是一个多学科研究的课题，涉及政治经济学、金融经济学、产业经济学、组织经济学、财务管理学、法学等多个学科，而目前的研究还大多从单一学科层面组织研究，学科视野狭窄，因此进一步的研究，要以政治经济学原理为基础，深入剖析产融结合的内在实现机理，同时需要吸收相关学科的研究成果，实现跨学科协同研究。

第二，产融结合实现跟经济系统中的资本系统、产业系统、组织系统紧密相关，只有用系统论的方法才能有效地把握产融结合实现的本质、实现机理和发展趋势。同时现有研究大多是针对产融结合实现的一个或者两个方面，如产融结合实现的有效性、产融结合实现的模式、产融结合实现的风险等，缺乏系统性的研究，也没有把在产融结合实现的内涵等方面已经形成的相关理论成果系统化。所以，本书的研究，一方面力求要把已经

---

① 何德旭，郑联盛. 新常态下产融结合的规范与发展［J］. 中国发展观察，2017（17）：24－26.

取得的初步研究成果融入产融结合实现机制的研究中，形成初具系统性的研究成果；另一方面要实现方法论的创新，探索使用系统论、过程论等研究范式构建理论框架，研究产融结合的实现机制。

第三，产融结合实现机制的直接理论渊源是马克思主义金融资本理论。马克思主义金融资本理论在研究金融资本运行对资本主义制度影响的同时，对金融资本运行机制也作了分析，目前现有研究对其运行机制思想挖掘不够。当代资本主义经济全球化、经济的金融化进一步加深，金融资本的运行纷繁复杂，我们只有一方面深入挖掘马克思主义金融资本思想，厘清金融资本的运行机制，才能把握产融结合实现机制的本质；另一方面结合金融资本的新发展，借鉴西方经济学有关产融结合实现的研究成果，形成产融结合实现的系统学说，才能发展马克思主义金融资本理论。

第四，诚如前面所言"我国产融结合的研究呈现出与经济体制改革亦步亦趋的特点"，总结经验性研究多，趋势前瞻性研究少，以致产融结合实现中还有不少的法律壁垒、政策障碍，产融结合实现的质量不高和数量不多。产融结合研究的前瞻性不够，导致理论储备不足，以致不能有效影响产融结合实现中相关政策的制定。

为此，本研究力求从系统性、协同性、突破性和前瞻性四个方面做一些努力，聚焦产融结合的实现机制，聚焦新时代产融结合实现的规范发展。因此，以上四个方面构成了本研究的主攻方向。

1.5 研究思路、结构框架与主要内容

1.5.1 研究思路

本研究以马克思的辩证唯物主义和历史唯物主义为基本研究方法，采用归纳分析与演绎分析相结合、规范分析与实证分析相结合、历史分析与逻辑分析相结合、定性分析和定量分析相结合的具体方法，根据系统论原理，遵循制度—体制—机制的逻辑，从实现机制入手，着眼三个层面，即资本、产业和组织。在理论和文献研究的基础上，构建研究产融结合实现

机制的理论分析框架，着力研究产融结合的实现机制，致力于产融结合的
规范发展。

依据过程论原理，产融结合实现机制包括三大环节：产融结合的动力
机制是产融结合实现的首要环节，产融结合的运行机制是产融结合实现的
中心环节，产融结合的调控机制是产融结合实现的保障环节。产融结合实
现机制的理论基础主要采用历史分析与逻辑分析相结合以及归纳分析与演
绎分析相结合的具体方法，重在挖掘经典作家的产融结合实现思想，梳理
产融结合实现机制理论的主要发展脉络、研究方向和发展趋势，从资本、
组织（政府和企业）、产业三个层面，厘清产融结合实现的内涵，为产融
结合实现机制的展开研究奠定理论基础。本书的主体部分是产融结合的实
现机制，包括产融结合实现的必要性，产融结合实现机制的分析框架，产
融结合实现的动力机制、运行机制和调控机制，采用归纳分析与演绎分析
相结合、规范分析与实证分析相结合的具体方法，从资本、组织（政府和
企业）、产业三个层面，提炼出产融结合实现的内在机理，将其运用于考
察中国产融结合实现的现状与存在的问题，提出规范产融结合发展的相关
对策。本书的最后部分是研究结论与政策建议。根据全书的研究得出结论
与启示，提出构建我国产融结合实现机制和规范新时代我国产融结合发展
的政策建议。

1.5.2　结构框架

本书的结构框架如图 1 − 2 所示。

1.5.3　主要内容

全书的研究由三大部分组成。

第一部分是研究准备，由第 1 章、第 2 章和第 3 章组成。第 1 章主要
介绍本书的研究主题、国际国内背景、理论意义和现实意义，以及本研究
所涉及的主要概念并就其与本研究的相关性作出说明，本研究的文献综
述，主要的研究方法、研究思路和结构框架。

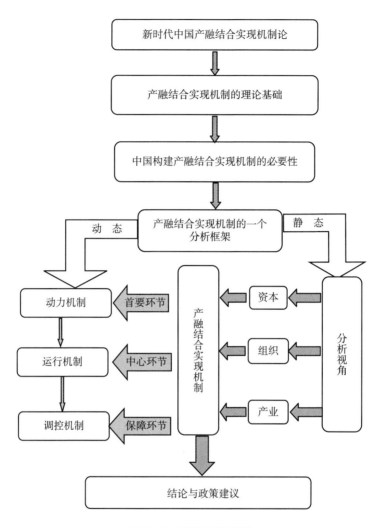

图 1 - 2 研究结构框架

第 2 章是本研究的理论准备。这一章梳理了马克思主义经典作家、国外马克思主义经济学、中国化马克思主义经济学和西方经济学所包含的产融结合实现机制思想，评析了相关理论，为本书的深入研究奠定理论基础。

第 3 章考察了国内外产融结合实现演进历程和总体趋势。这一章考察了国外产融结合实现的演进历程、总体趋势及中国产融结合实现的演进阶段和发展趋势。

我国产融结合演进历经萌发、形成、发展几个阶段，目前进入规范发展期。我国企业集团的产融结合呈现出争先恐后的态势，对构建系统的产融结合实现机制提出了新要求。

本书的主体部分包括第 4 章至第 8 章。

第 4 章主要研究了中国构建产融结合实现机制的必要性。从世界经济发展新阶段和世界经济进入数字经济时代的新要求、国内经济步入新时代新阶段和全面深化改革的新要求、国内产融结合实现态势和困境等三个方面研究了中国构建产融结合实现机制的必要性。

第 5 章主要从产融结合实现机制的内涵、特征、基础、条件、路径、模式等六个方面构建了产融结合实现机制的一个理论分析框架。

第 6 章从资本、组织和产业三个层面解析了产融结合实现动力机制理论，分析了中国产融结合实现动力机制的现状与存在的问题，提出了构建中国产融结合实现动力机制的对策。

第 7 章从资本、组织和产业三个层面解析了产融结合实现运行机制理论，分析了中国产融结合运行机制的现状与存在的问题，提出了构建中国产融结合实现运行机制的对策。

第 8 章主要从产融结合实现的调控主体、调控手段、调控内容几个方面解析了产融结合实现的调控机制理论，分析了中国产融结合调控机制的现状与存在的问题，提出了构建中国产融结合实现调控机制的对策。

第 9 章为本书的结论与政策建议。

1.6　研究方法

本研究以马克思主义为指导思想，以马克思主义政治经济学为基础，广泛吸收演化经济学、发展经济学、新制度经济学、规制经济学、法律经济学以及新政治经济学的理论知识和研究方法，构建产融结合实现机制的理论分析框架，对产融结合实现的动力机制、运行机制和调控机制进行系统的理论研究。在考察国内外产融结合实现机制演进历程和趋势的基础上，提出构建我国产融结合实现机制的对策建议，以期为我国的产融结合实现提供可以借鉴的理论成果和政策建议。在全书的分析过程中，始终坚持以马克思的辩证唯物主义及历史唯物主义为指导思想和方法论基础，在具体的研究方法层面，综合采用了定性分析与定量分析相结合、归纳分析与演绎分析相结合、规范分析和实证分析相结合以及逻辑分析与历史分析相结合的研究方法。

1.6.1　方法论基础

本书以马克思的历史唯物主义为方法论基础，始终坚持以历史唯物主义的基本思想分析研究产融结合实现的机制。历史唯物主义是关于社会总体结构及其运动发展规律的理论，通过对生产力与生产关系的辩证关系、经济基础与上层建筑的辩证关系原理揭示了人类社会发展的普遍规律。本书从历史唯物主义出发，对产融结合实现的内在机理进行观察和剖析，认为产融结合是在生产力发展基础上生产关系层面发展演化的产物，是资本裂变与重构、产业关系的演化与融合、企业组织形式和经营方式的发展，是社会化大生产的必然趋势，并指出其演进的根本动因是随着社会生产力的发展，微观主体为追求经济利益而改变原有生产关系的行动。在本书所构建的"资本—组织—产业"框架中，强调了生产力对生产关系、社会存在对社会意识的决定作用，突出了企业组织作为社会主体的历史性和能动性，而这些内容正是历史唯物主义核心思想的具体运用。在具体分析过程中，虽然大量吸收了西方经济学各个学派的分析方法和理论知识，但都是在历史唯物主义思想框架下的批判性借鉴和运用。

1.6.2　具体研究方法

1. 定性分析与定量分析相结合的方法

定性与定量分析是对事物不同方面进行分析的两种相互补充的研究方法。定性分析是对研究对象的性质、特征、类型、发展变化规律等"质"的方面进行归纳、判断的方法；定量分析是对研究对象的数量特征、数量关系与数量变化的分析，是依据客观数据资料对研究对象展开的量化分析。本研究在分析产融结合实现机制的内涵、构建产融结合实现机制的必要性、产融结合实现机制的分析框架设计、产融结合实现机制的动力等问题时，主要采取定性分析的方法；对产融结合实现机制运行实际中的一些统计资料，主要采取定量分析的方法。通过采取定性分析与定量分析相结合的方法，本研究既从质的规定性上把握了产融结合的内涵、过程和规律，又从量的规定性上对产融结合实现的运行实际状况等进行了较为准确的把握。

2. 归纳分析与演绎分析相结合的方法

归纳和演绎是认知过程中的两个既互相对立又互相依存的逻辑思维方法。马克思主义认识论认为，一切科学研究都必须遵守两条途径：由认识个别到认识一般，即归纳法；再由认识一般到认识个别，即演绎法。本研究对产融结合实现机理的分析和把握综合运用了归纳和演绎两种方法，在对产融结合实现机制的内涵、动力等的分析中，主要采取了归纳法；在分析国内外产融结合实现机制的发展趋势等方面，主要采取了演绎法。

3. 历史分析与逻辑分析相结合的方法

历史分析法是遵循历史发展规律，将研究对象置于历史背景之内，运用发展、变化的观点分析客观事物和社会现象的方法。它强调事物的发展、变化性，强调要联系特定历史背景对事物发展的不同阶段加以联系和比较，把握事物实质，揭示其发展趋势。逻辑分析法是根据事物之间的内在联系，对事物的内涵、范畴、特征等进行判断和分析的方法，强调从某一起点出发，通过逻辑叙述将复杂的整体再现出来，但是这种"从最简单上升到复杂这个抽象思维的进程符合现实的历史过程"。因此，逻辑分析与历史分析是辩证统一的关系。本研究采取了历史分析与逻辑分析相统一的分析方法，运用历史分析方法对产融结合实现的演化历程和产融结合实现模式的过程进行考察，从而总结出中西方产融结合实现机制演进的主要阶段和发展轨迹，为逻辑分析提供了历史"起点"；运用逻辑分析方法对产融结合组织横向和纵向演进过程进行推演，再现了产融结合运行的历史过程。

4. 实证分析与规范分析相结合的方法

本书在研究中根据论证的需要，采用了实证分析与规范分析相结合的研究方法。全书穿插引用了大量的现实案例进行实证分析，在分析产融结合实现的动力机制部分，分析了东汽集团、中航集团在内部推力和外部拉力作用下产生了综合化金融服务的需求，成立了东风汽车财务有限公司、中航资本控股有限责任公司；海尔集团为满足多元化经营的需要成立了海尔集团财务有限责任公司；中石油集团与旗下的昆仑银行实现了实体产业与金融业之间的产业协同，产生了协同效应。在实证分析的基础上，研判了我国产融结合实现动力机制的现状与存在的问题，提出了构建产融结合实现的动力机制系统的对策建议。在国外产融结合实现的历史考察部分以美国产融结合实现的演进历程作了实证分析，具体分析了通用电气集团产融结合实现的发展状况，在实证分析的基础上，研判了国外产融结合实现的总体趋势。本研究大量采用了实证分析与规范分析相结合的方法，增强了现实意义和说服力。

1.7　创新点

1. 研究视角的创新

本研究选取了以机制为视角，切入对产融结合实现机理的研究，聚焦产融结合实现机制和产融结合的规范发展研究。较之与本研究相近的选题，能较为深入地把握产融结合实现的内在机理。根据机制的内在原理和产融结合实现的完整链条，本研究从动力、运行和调控三个环节全方位研究产融结合的实现机制，提炼出产融结合实现的一般原理，因而在研究视角上有新意。

2. 分析框架的创新

本研究以马克思主义政治经济学的基本原理为基础，将系统论原理和过程论原理相结合，建立了一个纵向和横向、动态和静态分析相结合的研究产融结合实现机制的分析框架。根据系统论原理，遵循制度—体制—机制的逻辑，从实现机制入手，着眼三个层面，即资本、产业、组织。依据过程论原理，把产融结合实现机制分为三大环节：产融结合的动力机制是首要环节，产融结合的运行机制是中心环节，产融结合的调控机制是保障环节。从"资本—组织—产业"框架切入对纵向的产融结合实现全过程，即动力、运行和调控机制的分析。

3. 产融结合实现机制理论上的突破

本研究深入地挖掘了马克思主义政治经济学产融结合实现机制的有关思想，充分借鉴了西方经济学有关产融结合实现机制的理论学说。本研究以马克思主义政治经济学为基础，遵循了马克思主义经济学以资本为逻辑的分析主线，认为资本主义条件下产融结合实现的本质是资本不仅要垄断生产过程，而且要垄断货币的分配与交换。深入全面地把握产融结合实现的内涵和本质，厘清产融结合实现的机理，形成有关产融结合实现机制的理论，即动力机制理论、运行机制理论、调控机制理论。

4. 恰当梳理与凝练了国内外产融结合实现演进历程和总体趋势，实现了内容上的突破

运用历史分析方法对产融结合实现的演化历程进行考察，从而总结出国内外产融结合实现机制演进的主要阶段、发展轨迹和总体趋势。西方国家产融结合实现的演进历程经历了"自由—限制—放松—收紧"四个阶段。西方国家产融结合实现的总体趋势是金融业资本与产业资本之间的结合由以商业银行资本为主转变为多种金融业资本、众多非银行金融机构跟产业机构的结合；金融业机构与工商业公司之间的结合由控制为主转为合作为主；实体产业经营始终是产融结合实现的核心。中国的产融结合实现真正始于改革开放后，依据经济发展水平、制度文化和具体国情等实际情况，历经萌发、形成、发展、规范几个阶段的演进，走出了一条由产到融的产融结合实现道路。

5. 产融结合概念界定的突破

本研究在充分回顾已有代表性观点的基础上，结合产融结合的新发

展，对产融结合的概念作出了全面、系统、严格的界定。本研究在评析学术界有关"产融结合"的五种代表性观点，即产业结合说、储蓄投资转化说、部门结合说、资本职能结合说和商业模式说的基础上，认为一方面要深入全面把握产融结合的内涵；另一方面随着经济发展和产业结构的演化，要拓展产融结合的外延。最终提出，产融结合包括资本、组织和产业三个层面的结合，是金融业资本和产业资本结合基础上的股权链接，在股权链接的基础上生成企业组织，达成人事结合、信息沟通、业务咨询，进而实现产业协同。

第**2**章

产融结合实现机制的理论溯源

有关产融结合实现机制的思想在国内外的经济学文献中都比较丰富。有的直接论述了产融结合实现机制，有的文献在论述其他经济理论时涉及产融结合实现机制。本研究从马克思主义经典作家、国外马克思主义经济学、中国化马克思主义经济学及西方经济学四个方面进行挖掘和探讨。马克思主义经典作家、国外马克思主义经济学、中国化马克思主义经济学中的产融结合实现机制思想主要包含在金融资本理论的研究中。

2.1 马克思主义经典作家的产融结合实现机制思想

马克思主义经典作家的产融结合实现机制思想较为丰富，主要内蕴于马克思主义金融资本理论中。马克思主义金融资本理论先后由几代马克思主义经济学家相继完成，贯穿了以资本逻辑考察资本主义经济规律这个马克思主义经济学的主线。金融资本是继商业资本、工业资本后占主导地位的资本形态。马克思、恩格斯在对资本主义积累规律的研究中预见了金融资本产生的必然性，为马克思主义金融资本理论的形成奠定了理论内核和方法论基础。列宁认为金融资本出现的基础是垄断，把金融资本建立的基础归于垄断，从而使金融资本理论科学化，标志着马克思主义金融资本理论的正式形成。列宁以后，世界各国的马克思主义经济学家们相继发展了马克思主义金融资本理论，其中尤以我国的马克思主义经济学研究者的贡献较为突出。吴大琨等在马克思主义金融资本理论的基础上发展了金融资本理论。虽然马克思主义金融资本理论没有直接论述产融结合的实现机制，但蕴含着丰富的产融结合实现机制思想。

2.1.1 马克思恩格斯的产融结合实现机制思想

马克思恩格斯的产融结合实现机制思想集中体现在马克思主义金融资本理论中。马克思和恩格斯的相关研究为马克思主义金融资本理论奠定了理论内核和方法论基础。张宇、蔡万焕认为马克思经济学主要从"生产是金融的基础；资本是金融的核心；金融资本是资本的纯粹形式；金融资本扩大了资本主义经济矛盾"[1] 四个方面奠定了马克思主义金融资本理论的基础。本书认为马克思、恩格斯对金融资本理论的奠基性研究直接集中表现在马克思、恩格斯对资本主义资本积累一般规律的研究上；具体体现在马克思、恩格斯在研究资本主义资本积累一般规律的基础上预见了资本主义向垄断发展、资本主义信用制度和股份公司产生的必然性。

马克思资本积累理论，是在揭示资本主义经济运行规律的基础上形成的。马克思认为资本积累的实质就是把剩余价值再转化为资本[2]。资本积累的唯一来源是剩余价值，而资本主义扩大再生产的重要源泉是资本积累。资本积累的一般规律就是资本家利用无偿占有的剩余价值，扩大再生产规模，加大对工人的剥削程度，以获取更多的剩余价值。资本规模的扩大只能通过资本积聚和资本集中两个途径实现。资本积聚是指单个资本依靠剩余价值的转化来扩大自己的资本总额，通过增大自己的资本总额相应增大社会资本的总量。资本积聚的特点是资本积聚的增长要受到社会财富（包括追加的生产资料和消费资料）的绝对增长数额的限制，增长速度比较缓慢。资本集中是指把原来分散的众多中小资本合并成为少数的大资本。资本集中的特点在于资本集中是资本之间量的结合，不会增大社会资本的总额，其结果只是改变了社会资本总额在各个资本家之间的分配，不

---

① 张宇，蔡万焕. 马克思主义金融资本理论及其在当代的发展 [J]. 马克思主义与现实，2010（6）：101-106.
② 马克思恩格斯全集（中文2版）第44卷 [M]. 北京：人民出版社，2001：668.

受社会财富的绝对增长数额的限制，因而可以在较短时间内集中大量的资本，扩大资本的规模。

资本积聚和资本集中也并不是截然分开的，二者之间有天然的联系。资本积聚增大了个别资本的总额，进而增强个别资本的竞争实力，从而会加速资本集中的进展；资本集中增大了单个个别资本的总额，个别资本总额越大，就越增加了其获得更多的剩余价值的能力，从而增大资本的积累。由资本积聚到资本集中的过程往往伴随着更加激烈的竞争。马克思指出"如果在某个生产部门中全部资本整合为单一资本，此时集中就到达了极限。在社会中，一个资本家占据了所有的社会资本或合并了社会总资本，或对拥有社会总资本的公司进行合并，此时才能达到极限"①。

竞争和信用是资本集中的主要手段。资本集中主要是借助竞争和信用这两个强有力的杠杆来实现的，资本集中的结果必然导致垄断。马克思认为，信用制度是在产业资本的基础上形成的。他指出，信用制度的作用是把那些分散在社会上的大大小小的货币资金吸引到单个资本家或联合资本家手中，起初只是资本积累的小小助手；但随着资本积累的发展，信用事业很快就成了资本竞争斗争中的一个新的可怕的武器；最后，它变成了实现资本集中的庞大的社会机构。

在信用制度的基础上，资本主义私人企业中的一部分逐渐转化为股份公司。股份公司是在资本积累的基础上，资本主义生产关系部分发生变化的产物。19 世纪初，资本主义发达国家出现了股份公司这种企业组织形式。马克思认为，信用制度是资本主义的私人企业逐渐转化为资本主义股份公司的主要基础②。资本主义信用制度促进了资本主义生产的发展，提高了资金使用效率，促成了新的社会生产组织形式的出现。

马克思就股份公司的产生、实质等方面有过深刻论述："还在资本主义生产初期，某些生产部门所需要的最低限额的资本就不是在单个人手中所能找到的……促使对某些工商业部门的经营享有合法垄断权的公司的形成，这种公司就是现代的股份公司的前驱。"③ "在股份公司内，职能已经

---

① 资本论（第一卷）[M]. 北京：人民出版社，2004：55.
② 资本论（第三卷）[M]. 北京：人民出版社，2004：498.
③ 资本论（第一卷）[M]. 北京：人民出版社，2004：358.

同资本所有权相分离，因而劳动也已经完全同生产资料的所有权和剩余劳动的所有权相分离。资本主义生产急速发展的这个结果，是资本再转化为生产者的财产所必需的过渡点，不过这种财产不再是各个互相分离的生产者的私人财产，而是联合起来的生产者的财产，即直接的社会财产。"①

马克思初步分析了产业资本与银行业资本结合的原因，他说："随着资本主义生产的进展，每一单个生产过程的规模会扩大，预付资本的最低限量也会随之增加，所以除了其他情况外，又加上这个情况，使产业资本家的职能越来越转化为各自独立或互相结合的大货币资本家的垄断。"② 马克思还指出："随着大工业的发展，出现在市场上的货币资本，会越来越不由个别的资本家来代表，即越来越不由市场上现有资本的这个部分或那个部分的所有者来代表，而是越来越表现为一个集中的有组织的量，这个量和实际的生产完全不同，是受那些代表社会资本的银行家控制的。"③

恩格斯也是马克思主义金融资本理论的奠基人之一，他晚年在整理出版《资本论》第三卷时，在马克思论及交易所的基础上留下了一篇"交易所"的写作提纲。他把交易所与股份公司并列，都作为垄断组织的形式。他认为，交易所的作用已大大增加，他指出，"在其进一步的发展中还有一种趋势，要把包括工业生产和农业生产在内的全部生产，包括交通工具和交换职能在内的全部流通，都集中在交易所经纪人手里，这样，交易所就成为资本主义本身的最突出的代表"④。恩格斯已经敏锐地观察到金融业资本形式突破了银行业资本的单一形式，预见了证券业资本将要成为金融业资本的主要形式之一。

从马克思、恩格斯对资本主义积累一般规律、产业资本的集中到垄断，以及对信用、股份公司、交易所的研究中，可以看出，马克思、恩格斯对资本主义发展中的"某种趋势"的敏锐把握。这一研究思路和方法对后来的马克思主义者研究垄断资本主义特别是金融垄断资本主义提供了正

---

① 资本论（第三卷）[M]. 北京：人民出版社，2004：494.
② 资本论（第三卷）[M]. 北京：人民出版社，2004：124.
③ 资本论（第三卷）[M]. 北京：人民出版社，2004：442.
④ 马克思恩格斯全集（第25卷）[M]. 北京：人民出版社，2006：1028.

确的方法和基础。① 也正是由于这一点，总体上马克思主义经济学金融资本理论对产融结合实现机制的宏观方面涉及多一些，而产融结合实现机制的微观方面涉及少一些。

2.1.2 列宁的产融结合实现机制思想

列宁的产融结合实现机制思想主要蕴含在他对金融资本理论的研究中。列宁在马克思、恩格斯奠基性研究的基础上，批判性地借鉴吸收拉法格、希法亭等对金融资本理论研究，形成了科学的金融资本理论。科学的金融资本理论的形成为其帝国主义理论的产生奠定了基础。

在《帝国主义是资本主义的最高阶段》一书中，列宁以生产领域作为研究的起点，他认为生产领域中产业资本的集中引致了垄断，垄断的产生和发展引起了资本流通规律的变化。他批判了希法亭以货币流通领域作为研究金融资本的起点，认为希法亭没有从生产的集中这个根本原因理解垄断，把垄断的成因错误地归于克服利润率平均化的障碍。列宁指出："集中发展到一定阶段，可以说，就自然而然地走到垄断。"② 列宁认为希法亭对金融资本的定义中没有把生产的集中引起垄断作为金融资本产生的最深厚的基础和更深刻的原因揭示出来，没有指出生产集中和资本集中发展到很高的程度，就会造成垄断，而且已经造成了垄断③。因此，列宁在强调垄断对金融资本形成的基础性作用的基础上，将金融资本定义为"生产的集中；由集中而成长起来的垄断；银行和工业的融合或混合生长——这就是金融资本产生的历史和这一概念的内容"④。少数大垄断银行"用扩大或减少，便利或阻难信贷的办法"影响工商业，直至"控制整个资本主义社会的工商业业务"⑤。列宁在此指出了银行资本支配工商业资本的方式，主要是通过信贷影响工商企业。列宁认为金融资本既控制了货币资本的流通

---

① 栾文莲. 信用制度与资本主义生产方式的演变——马克思主义信用理论、金融资本理论的学习与思考 [J]. 中国社会科学院研究生院学报，2013（2）：5.
②③ 列宁选集（第2卷）[M]. 北京：人民出版社，1995：740.
④ 列宁选集（第2卷）[M]. 北京：人民出版社，1995：769.
⑤ 列宁选集（第2卷）[M]. 北京：人民出版社，1995：757.

又控制了资本主义的生产过程。他们所建构起来的是他们自身对其他一切资本形式的绝对优势。

列宁还深刻揭露了金融资本的寄生性和腐朽性的特点。金融资本的产生意味着，资本的积累方式不再仅仅通过价值和使用价值的转换来实现，资本的货币形式在资本的增殖和积累过程中逐渐占据主导与统治地位，金融资本因此具有了明显的寄生性和腐朽性。因此，列宁的研究更多地强调了垄断对经济发展的负面影响，对一定程度的垄断态势形成的规模经济的正向作用研究不多。

列宁的研究遵循了马克思主义经济学的逻辑思路，强调了工商业等实体产业对金融业的基础性作用、生产在整个经济关系中的基础性作用，以及垄断对金融资本形成的基础性作用。

2.2 国外马克思主义经济学的产融结合实现机制思想

国外马克思主义经济学对产融结合实现机制的研究中最具代表性的是拉法格和希法亭。他们的产融结合实现机制思想主要蕴含在对金融资本理论的研究中。拉法格首度提出了"金融资本"这个范畴，对金融资本理论作出了探索性研究，主要研究了垄断及其基本特征；希法亭对金融资本理论作了一个初步的系统性研究，对信用、股份公司、创业利润等问题作了深入研究。20 世纪 30 年代以后英国的大卫·哈维、法国的让－克洛德·德罗奈和沙奈等根据资本主义经济在第二次世界大战后的新变化，进行了一些新的研究。

2.2.1 保尔·拉法格的产融结合实现机制思想

马克思、恩格斯相继逝世以后，拉法格以 19 世纪末 20 世纪初期的美国经济为现实背景对资本主义发展中的新经济现象进行了深入研究。拉法格较为系统地研究了金融资本的产生基础——垄断。他是国外马克思主义经济学者中较早对资本主义垄断现象进行系统研究的经济学家。

1. 发现并提出资本主义进入垄断阶段

拉法格研究发现美国托拉斯的出现造成了资本和生产规模的空前集中，他敏锐地指出"资本以前所未见的惊人规模大量集中，单是这一现象本身就足以说明资本主义已演进到特殊阶段了"①。他通过研究资本主义商品生产的历史进程，来考察资本主义垄断形成的历史过程和规律。他通过对资本主义商品生产历史进程的考察，认为资本主义的垄断组织是商品生产进化发展的结果。

2. 揭示了垄断成为帝国主义最基本的经济特征

拉法格通过对资本主义工、农、商业各个领域中大量的案例研究，发现垄断组织在各个领域中处于支配和统治地位，指出垄断这种"新的历史现象，它对资本主义世界的影响是如此之大，以致最近 40 年来发生的一切经济的、政治的和科学的现象都退居第二位了"②。"托拉斯不仅统治着经济领域，而且使美国人民的宗教生活、政治生活和精神生活也都屈从于它们……成为一个'至高无上的政权'和'总司令部'，不仅控制和管理美国的全部财富，而且'操纵着国家的对外政策'"③。拉法格明确指出垄断已经成为帝国主义最基本的经济特征。他对资本主义经济发展中这一基本特征的概括，是对马克思主义经济学的新贡献。

3. 首度提出"金融资本"范畴

拉法格在研究美国工业托拉斯的过程中，发现了工业和银行业随着经济发展自然而然地联合了起来。随着企业规模的扩大，企业对资本积累的需求远远超过单个资本所能积累的程度，股份公司便应运而生。托拉斯的产生和发展，对资本的需求又远远超过了一般单个银行筹资的能力，为此

---

①② 中共中央马恩列斯著作编译局国际共运史研究室 . 拉法格文选（下）［M］. 北京：人民出版社，1985：213.

③ 中共中央马恩列斯著作编译局国际共运史研究室 . 拉法格文选（下）［M］. 北京：人民出版社，1985：219.

单个的银行也不得不联合起来，银行资本在竞争中也集中起来。拉法格说:"一方面，由于个人积累的资金已不能满足建立工矿企业的需要，因而工矿企业要依靠银行提供必要的资金。另一方面，银行集中了国家公债所吸收不了的、在小型工业中找不到市场的资金，为了养利生息，它们也得把资金贷给大型的工业公司。银行和工业的利益，从来也没有像现在美国这样密切地结合在一起。"①

拉法格对银行与垄断的关系也有专门的论述。他说:"托拉斯企业要求迅速而大量地动用资本，以致拥有集中资本的银行也难以满足这种要求，承担不了这样的任务。为了适应这种新的需要，必须增加集中在每个银行的资本数额，并把一些银行联合起来。"② 最终单个的银行联合起来，组成了联合银行，结成了银行同盟。在生产集中的基础上形成的一些产业垄断公司，也加入银行集团，这样就使工业和银行业很自然地联合起来。银行的职能发生了很大变化，从过去单纯的支付、中介转化为支配整个社会货币资本的万能垄断体。工业资本与银行资本就这样互相渗透，混合生长，融为一体，形成了一种新的最高形态的垄断资本，拉法格称其为"金融资本"。

4. 初步分析了金融资本的特点

拉法格认为工业资本扩展是工业资本与银行资本结合的根本原因，工业资本与银行资本的融合是金融资本的特点。金融资本的发展，最终造成了"一个愈益增长的中心，靠雇佣劳动剥削来的所有财富都向这里汇聚，而资本主义企业的神经系统又从这里分布开去③"。他认为随着资本主义生产统治地位的确立，与资本主义生产同时发展起来的银行等各种形式的金融资本又逐渐"形成了对整个资本主义经济统治的态势④"。他的研究还涉及金融资本对资本主义经济、政治、文化及对外交往等方方面面的影响。

---

①② 中共中央马恩列斯著作编译局国际共运史研究室. 拉法格文选（下）［M］. 北京：人民出版社，1985：272.

③ 中共中央马恩列斯著作编译局国际共运史研究室. 拉法格文选（下）［M］. 北京：人民出版社，1985：257.

④ 中共中央马恩列斯著作编译局国际共运史研究室. 拉法格文选（下）［M］. 北京：人民出版社，1985：132.

拉法格以 19 世纪末 20 世纪初的美国经济为研究背景，敏锐地注意到了资本主义经济的新变化，揭示了垄断的基本特征，充分关注到垄断在金融资本形成中的基础性地位，看到了工业资本与银行资本日趋结合的趋势，提出了"金融资本"这个范畴。从其研究来看，他的研究重心主要基于整体的宏观角度，研究金融资本对资本主义经济、政治、文化等方面的影响，而对于金融资本内在的运行机制论述较少。

2.2.2 希法亭的产融结合实现机制思想

希法亭顺应马克思和恩格斯对资本主义积累趋势一般规律的研究，揭示了现代资本主义发展中出现的一些经济新特征和新趋势。他认为现代资本主义国家经济政策的转变和帝国主义政治意识形态都集中体现为金融资本的形成和统治。希法亭对资本主义最新发展的研究集中体现在他于 1910 年出版的《金融资本——资本主义最新发展的研究》一书中。不同于拉法格把美国作为研究的背景，希法亭以当时的德国作为研究金融资本的背景。当时的德国正值由资本主义自由竞争阶段向垄断阶段过渡的时期，希法亭对资本主义的这一最新现象进行了深入系统的研究，列宁评价其"作了一个极有价值的理论分析"[①]。他以货币为研究的起点，研究了资本主义信用的演变规律，即资本主义信用由流通信用向资本信用演变，资本信用由流动资本信用向固定资本信用演变；研究了银行的职能随着资本主义信用的演变也由以支付中介为主向以提供货币资本中介为主转变；股份公司逐步成为资本主义企业的普遍组织形式，证券交易所和商品交易所快速发展；研究了金融资本的产生、垄断的形成和作用；研究了资本主义的最新发展即金融资本对资本主义经济危机的影响和资本主义的经济政策。

希法亭的研究初步形成了较为系统的金融资本理论。他对信用和股份公司做了较为深入的研究，着重指出信用和股份公司是金融资本产生的两个有力"杠杆"。他对信用、股份公司和一些"金融技术"范畴的研究对我们深入把握产融结合实现的内在机理具有重要的启示。

---

① 列宁选集（第 2 卷）[M]. 北京：人民出版社，1995：738.

1. 信用的发展促使银行和产业的关系密切化

希法亭在马克思对信用理论研究的基础上，进一步对信用作出了有益的拓展性研究。从使用目的角度，他把银行信用区分为流通信用和资本信用；从资本的性质角度，他把资本信用又进一步区分为流动资本信用和固定资本信用。他指出随着资本主义经济的发展，银行的职能由支付中介向主要是将闲置货币转化为货币资本的中介演变，信用则由流通信用向资本信用演变，在资本信用内由流动资本信用向固定资本信用转变。所以便会有越来越多的银行资本长时间地固定在产业中，使银行和产业"由暂时的利害关系变为长远的利害关系；信用越大，特别是转化为固定资本的比重越大，这种利害关系也就越大和越持久"①。随着资本主义信用的深化发展，银行对产业的影响力和控制力不断增强，相应地产业对银行的依赖性也越来越大。

由此可以看出，希法亭研究的银行资本和产业资本的融合方式正处于由短期的债权债务向长期的固定的债权债务关系发展，此研究尚属于广义的产融结合，即债权债务型产融结合。

2. 股份公司为银行资本和产业资本的直接结合创造了条件

希法亭在马克思的股份公司理论研究的基础上，对股份公司作了深入研究。随着股份制度和交易所的普遍发展，股票成为商品，股息由于竞争而趋于利息水平。他发现股份公司制度的建立使资本家的职能发生了变化，把资本家从企业家的职能中解放出来。一方面是金融资本家通过掌握大量股票而对小额股票持有者拥有无限的权力；另一方面股票的分散化又使他们拥有少量的股票便可取得对公司的控制，从而形成庞大的控制体系。实际上，他已经发现了资本主义发展的一个新的重要特点，即参与制，强有力地批判了当时较为流行的"资本民主化"思潮。

3. 提出"创业利润"概念并作了深入分析

希法亭把创业利润定义为由带来利润的资本向带来利息的资本的转化

---

① 鲁道夫·希法亭. 金融资本 [M]. 福民等，译. 北京：商务印书馆，1999：93.

所形成的差额。他发现,不仅在创建股份公司和把个人企业变为股份公司时会产生创业利润,而且在股份公司追加投资和增发新股票时也会产生创业利润。丰厚的创业利润促使银行产生进一步渗透和控制产业资本的冲动。但银行和产业巨头并不以攫取创业利润为满足,还充分利用股份制度所提供的有利条件,进一步侵吞小股民和中小资本家的利益。银行资本和产业资本为了共同的利益,又产生了二者进一步融合的趋势。随着股份公司和资本集中的进一步发展,银行将越来越多的资本投资于股份公司,银行和产业之间的关系更加紧密。

从这里的研究可以看出,希法亭不仅关注了产业资本与银行资本间的长期固定的债权债务关系,还注意到当时德国主银行制度背景下,银行资本向产业资本的投资入股,即银行资本和产业资本之间的股权关系。因此,希法亭已经开始涉足狭义的产融结合。

希法亭对资本主义信用、股份公司、创业利润的研究深入金融资本内在的运行机制。他认为,资本主义信用的发展促使银行和产业的关系由短期的债权债务向长期的固定的债权债务关系发展;股份公司为银行资本和产业资本的直接结合创造了条件;攫取创业利润是二者融合的最大动力。其对金融资本理论的研究,已经初步具有了一定的系统性,在马克思主义金融资本的形成和发展史中占有重要的地位。他进一步丰富和发展了马克思主义金融资本理论,推动了马克思主义金融资本理论的深化发展。尽管希法亭注意到垄断的经济现象及其在资本主义经济社会中的作用,论述了工商产业垄断化的发展和银行业资本势力的不断上升,但是由于他没有把垄断作为金融资本形成的基础,整体上他的理论建立在流通决定论的基础上,也造成了他的金融资本理论存在着根本缺陷:一是片面夸大了银行对产业的支配;二是没有把金融资本看作银行资本与产业资本的有机结合,而是把它归结为银行贷于产业的货币资本。从表面上看,希法亭既看到了垄断条件下生产的社会化现象[①],也看到了生产关系层面上帝国主义国家之间的斗争越来越尖锐化等。但正如一些学者指出的那样,在希法亭的逻辑体系中,生产力与生产关系的线索是相互分离的而不是内在统一的。正

---

① 鲁道夫·希法亭. 金融资本 [M]. 北京:商务印书馆,1994:264-265.

因为如此，他得出了帝国主义在经济上的崩溃是不可能的结论——"但是，这里所指的是政治的和社会的崩溃，不是经济的崩溃。经济的崩溃根本不是合理的概念"[①]。在他看来，可能的只是无产阶级通过政治斗争来促使帝国主义在政治上和社会上的崩溃。希法亭还被列宁批评不能看出帝国主义的寄生性，其原因也在于此。

虽然希法亭的金融资本理论存在着严重的缺陷，但是他的《金融资本》一书及其金融资本理论占有特殊地位和重大影响。希法亭的金融资本理论成为列宁的帝国主义理论的直接理论来源。《金融资本》一出版就产生了轰动效应，得到了第二国际马克思主义理论界的一致好评，被誉为是继《资本论》之后最伟大的马克思主义政治经济学著作。考茨基对该书给予了极高评价，认为它是"《资本论》第二卷、第三卷的真正延续"[②]。

2.2.3　20 世纪 30 年代以后国外马克思主义经济学的产融结合实现机制思想

20 世纪 30 年代，资本主义世界爆发了经济大危机，给整个资本主义经济以沉重打击。资本主义各国纷纷开始反思经济危机的成因，在后来的总结中，多数把金融制度的缺陷和银企关系的非正常发展当作此次危机爆发的重要原因。因此 1933 年，美国国会通过了《格拉斯—斯蒂格尔法》。该法案修正了有关金融制度的一些条款，要求金融业分业经营，禁止商业银行认购和经营公司股票、企业债券等。该法案从一定程度上改变了银企关系，割断了商业银行与企业之间的产权纽带。后来其他很多国家也纷纷效仿美国这种分业经营、分业监管的做法。禁止金融业资本对产业资本的股权投资，在一定程度上切断了金融业资本和产业资本的关联，因此，这一时期金融资本问题并未成为政治经济学的主要关注对象。

20 世纪 70 年代以后，由于新一轮科技革命的涌现和经济全球化的迅速发展、新自由主义思潮的兴起，资本主义经济和金融资本的发展出现了

---

① 鲁道夫·希法亭. 金融资本 [M]. 北京：商务印书馆，1994：424.

② 姚顺良. 希法亭对马克思资本主义理解模式的逻辑转换 [J]. 南京大学学报（哲学·人文科学·社会科学），2009（3）：5.

新的特点——资本主义经济的金融化和金融资本的全球化，金融资本成为资本主义经济的核心，在资本主义国家的经济活动中占据重要地位。国外的一些马克思主义经济学者在他们的研究中也关注了金融资本的一些新变化。例如，英国的大卫·哈维①、法国的让－克洛德·德罗奈②、沙奈③等提出，由于金融及其衍生产品的发展，金融资本在时间和空间上对生产实现了全面控制，金融因素在资本增值中逐渐占据主导和统治地位，资本主义已经进入金融垄断资本主义时代。

2.3 中国化马克思主义经济学的产融结合实现机制思想

中国的一些经济学者遵循马克思主义经济学的逻辑并针对资本主义经济的新变化作出了相应的研究，对马克思主义金融资本理论的发展作出了重要贡献。

吴大琨等根据第二次世界大战以来金融资本的新特征、新变化、新发展、新趋势做了进一步研究，认为金融资本在积累的范围、积累的手段、积累的规模上发生了一些新变化，但金融资本的本质没有变。吴大琨等在马克思主义金融资本理论的基础上发展了金融资本理论。吴大琨在《金融资本论》一书中根据第二次世界大战后发达资本主义国家经济发展中产业结构变化和金融业发展的一些新特点，进一步发展了马克思主义金融资本理论。他认为"现代金融资本是在战后生产和资本进一步垄断的基础上，以垄断性商业银行为中心的金融业资本与垄断工业公司为主的企业资本的融合或混合生长。金融业资本不仅包括垄断性商业银行资本，而且包括垄断性保险公司、投资银行（公司）和其他垄断金融机构的资本；企业资本

---

① David Harvey. The Limits to Capital ［M］. The University of Chicago Press，1982.

② 李其庆. 西方左翼学者对当代资本主义的研究——第三届巴黎国际马克思大会述要 ［J］. 国外理论动态，2002（1）：1－7.

③ 沙奈. 金融全球化 ［M］. 北京：中央编译出版社，2006.

不仅包括垄断性工业资本，也包括垄断性交通运输、公用事业和商业等资本"①。

吴大琨在遵循经典马克思经济学金融资本概念内涵的基础上进一步拓展了马克思经济学金融资本概念的外延，使金融资本理论反映了资本主义经济发展的新变化和新特点。吴大琨等在马克思主义金融资本理论的基础上，对第二次世界大战后金融资本的新变化、新特征、新发展、新趋势在国别研究的基础上做了进一步研究，认为金融资本积累的范围扩大到国际范围，表现出对发展中国家投资和援助的增加；积累的手段更加注重利用科技革命成果转化为生产力后的巨大推动力，更多地采用相对剩余价值生产；积累的规模更加扩大，使生产更加集中，更加符合生产力发展高度社会化的要求。尽管金融资本积累在外延上出现了一些变化，但其内涵和实质仍然没有变。第一，金融资本积累所处的社会经济条件没有变，仍是资本主义生产关系；第二，金融资本积累的目的和动机没有变，仍是最大限度地追求剩余价值；第三，被剥削的对象没有变，不管是蓝领还是白领，都仍然是资本主义生产关系中的雇佣劳动者；第四，积累的来源没有变，仍是雇佣劳动者的剩余劳动；第五，积累的手段实质上没有变，仍是绝对剩余价值生产和相对剩余价值生产；第六，积累的后果没有变。虽然由于历史的和道德的因素，就业劳动者的生活状况有所改变，但失业者和劳动者相对贫困依旧存在，使得在雇佣劳动者相对于家财亿万的金融资本来说，仍然在进行着贫困的积累。总体而言，金融资本的积累，造成了生产的高度社会化和资本关系的进一步社会化。这种社会化趋势正不断地表现出生产和资本国际化趋势。在如此高级的社会化程度面前，历史已经客观地提出了社会占有生产资料的要求。因为金融资本乃至整个资本主义私有制的"外壳"，已经越来越不能容纳由它推动起来的社会生产力的进一步发展。在这种情况下，金融资本的积累不仅在为金融寡头聚敛财富，而且在为自身的否定准备条件，为生产关系向更高级的社会形态过渡准备条件。

陈享光、张宇等将当代资本主义金融资本发展同金融危机结合起来研究。陈享光认为，国际金融资本得以快速扩张，特别是美国等发达国家的

---

① 吴大琨. 金融资本论［M］. 北京：人民出版社，1993.

货币资本和虚拟资本的过度扩展和积累，不仅造成其国内资本运动的矛盾累积和经济失衡，而且造成世界范围内货币资本与实体资本、虚拟经济与实体经济的矛盾累积和失衡，造成世界范围的资本扩张和收缩运动，最终引发金融危机①。张宇等认为，新自由主义政策与金融化、全球化和美元霸权促进了国际金融资本的产生和发展，资本主义经济的基本矛盾在国际金融资本的发展过程中不断深化和激化，最终导致了当前这场百年不遇的全球资本主义大危机②。程恩富、杨斌认为，当代世界已进入金融主导型国际垄断资本主义的新阶段，发动大规模掠夺财富的金融战争是其关键性新特征。这种新特点可称之为"新型的金融战争垄断"，或者说是出于发动金融战争掠夺财富的需要，当代西方金融资本形成新型特殊高度垄断格局③。栾文莲认为，由于金融资本的全球化、金融运行的虚拟化机制等原因，当代金融垄断资本主义发展中金融与产业分离的趋势愈加显著④。

马克思主义金融资本理论作为马克思主义政治经济学的重要组成部分，科学揭示了资本主义经济的发展规律，在 2008 年全球金融危机以后再次焕发出强大的理论生命力。从马克思主义金融资本理论的发展逻辑来看，首要的是强调了生产对金融或者说产业领域对金融领域的决定性或者基础性作用，由于生产领域的集中引起了流通领域的集中，产业资本的集中引起了以银行业为主导的金融业资本的集中，由于资本主义积累机制的变化引起了产业资本和金融业资本的融合，融合方式由以信贷为主的银行资本支配产业资本的债权债务方式向以股权方式为基础的双向互动方式过渡。当然，马克思主义金融资本理论研究的焦点集中于金融资本的形成及金融资本统治对资本主义国家国内与国际经济、政治、文化等方面和社会制度的影响。例如，希法亭在对金融资本理论研究的基础上提出了"有组

---

① 陈享光，袁辉. 金融资本的积累与当前国际金融危机 [J]. 中国人民大学学报，2009（4）：9-15.

② 张宇，蔡万焕. 金融垄断资本及其在新阶段的特点 [J]. 中国人民大学学报，2009（4）：2-8.

③ 程恩富，杨斌. 当前美国金融垄断资本主义的若干新变化 [J]. 当代世界与社会主义，2014（1）：109-113.

④ 栾文莲. 金融垄断资本主义发展中金融与产业分离的趋势 [J]. 中共四川省委省级机关党校学报，2014（1）：26.

织的资本主义理论"①；列宁在批判希法亭的金融资本理论的基础上，发展了马克思主义金融资本理论，提出了科学的帝国主义理论。由于研究的重心和研究的目的使然，马克思主义金融资本理论对于宏观领域关注较多，对于产业资本和以银行业资本为核心的金融业资本内在的结合方式以及结合的实现机制等微观领域关注较少。

马克思主义金融资本理论构成了本书的最重要的理论基础。马克思主义金融资本理论深刻揭示了产融结合实现的内在机理，一是生产领域的集中引起了流通领域的集中，产业资本的集中引起了以银行业为主的金融业资本的集中。二是产业资本和金融业资本的集中都达到一定程度上的垄断。三是在垄断的基础上产业资本和金融业资本结合在一起；产业资本和金融业资本结合的组织方式或者实现形式可能多种多样，但产融结合的内在动力都在于对剩余价值的追求。本书从本质层面即资本层面对产融结合实现机制的研究的直接理论源泉就是马克思主义金融资本理论，因此，马克思主义金融资本理论构成了本书的最重要的理论基础。

2.4　西方经济学的产融结合实现机制思想

2.4.1　西方经济学产融结合学说相关的产融结合实现机制思想

西方经济学虽然没有产生马克思主义经济学那样沿着既有的逻辑和线路由几代经济学家相继完善的金融资本理论，但产融结合实现的经济现象也引起了西方经济学的关注。西方经济学产融结合学说中既有针对马克思主义金融资本理论的金融资本消失说，也有针对资本主义发达国家美国经济的新变化所做的理论和实证研究的金融机构控制论，还有从制度分析视角出发考察日德银行业和产业企业之间关系的银企制度关系论。

---

① 注：虽然希法亭"有组织的资本主义理论"因其思想源于以货币为研究起点的流通决定论的理论演绎，而受到多方诟病，但他的"无产阶级不能用自由竞争，而只能用社会主义来反对并最终取代帝国主义"的思想成为列宁科学帝国主义理论的一个重要来源。

1. 金融资本消失说

第二次世界大战后，以原子能、电子计算机、空间技术和生物工程的发明和应用为主要标志的第三次科技革命的发生，极大地影响了资本主义经济的发展进程，推动了资本主义经济的飞速发展，资本主义经济发生了巨大的变化，资本主义经济运行中出现了一些新现象。

部分西方经济学者针对资本主义经济发展中出现的这些新现象提出了"金融资本消失说"。他们的基本观点是工业资本和银行资本融为一体的金融资本集团已经不再存在了，因而金融资本也就不存在，金融资本已经"消失"和"解体"。他们提出了"经理革命论"和"权力转移论"。其认为现代垄断资本的统治权力已经转移到大公司的经理阶层手里。代表人物主要有：制度经济学派代表人物加尔布雷斯、罗伯特·阿隆·高登、阿道夫·贝利。加尔布雷斯认为马克思主义的金融资本理论至少在美国没有得到统计学上的检验或任何其他经验的检验①。他认为现在的大公司已经基本摆脱了对资本市场的依赖，主要由它们自己提供资本。因为大约全部储蓄的 3/4 现在来源于公司的保留利润②。罗伯特·阿隆·高登认为，大规模的工业很少像半个世纪以前那样依赖银行业团体，银行家拥有的权力已经不能转化为对公司的控制③。阿道夫·贝利认为，现代的大公司自己拥有大量的资本积累，在绝大多数情况下都无须寻求资本。

"金融资本消失说"论者根据大型企业集团规模大，有强大的自筹资金能力，不再像以前那样依赖银行筹集资金，因而认为银行对企业治理结构的控制弱化；再加之一些大型财团表现出财富巨额化和股权分散化的特点，过去那种由少数垄断资本家控制财团的局面已经不复存在，资本社会化程度提高，因而认为金融资本统治被削弱。

日本学者奥村宏和美国学者罗伯特·希恩批判了"金融资本消失说"，他们认为经理革命论是以对美国大企业的股东调查为立论根据的，而他们

---

① ③ 曾康霖. 金融经济学 [M]. 成都：西南财经大学出版社，2002：244.

② F. M. Scherer. Innovation and Growth：Schumpeterian Perspectives [M]. Cambridge, Mass.：MIT Press, 1984：129.

在调查案例中没有区别真正的所有者和名义人。实际上所有权是离不开控制权的，控制权更是离不开所有权而单独存在。在股份公司制度下，所有权控制方式发生了较大改变，由所有权直接控制转化为间接控制，而不是放弃控制。资本主义经济中垄断企业大多向多元化经营的混合公司发展，加之控股公司的发展和跨行业兼并的盛行，使工业资本和银行资本之间的相互关系变得更加复杂。事实证明，第二次世界大战后美国金融体系是在大商业银行控制之下，拥有空前巨大的资本和对内对外空前扩张的体系。这个庞大的金融体系表面上看去像是"分权"，实质上恰恰是集权，恰恰是现代帝国主义条件下银行"万能垄断者"地位加强的表现，是金融资本、金融寡头强化统治的表现。因此"金融资本消失说"是根本站不住脚的。所谓金融资本消失的种种论调都是随心所欲的臆断，其目的正是要掩盖金融资本的统治①。

2. 金融机构控制论

金融机构控制论主要源于部分学者以第二次世界大战后的美国经济的发展变化所做的理论和实证研究。

由赖特·帕特曼担当美国国会众议院银行与通货委员会所属国内金融小组委员会主席对美国的商业银行进行了大量全面的调查，后来将调查报告汇编成书，称之为《帕特曼报告》②。《帕特曼报告》的调查材料表明，从1950年以来，由于商业银行大量合并，数量有所减少，但大多数商业银行仍然控制在少数金融寡头手中。大公司的股票仍然集中在大银行手中，并没有表现出分散化。银行等金融机构是工商企业的主要机构持股人，通过往企业集团派驻代表或兼任董事，直接参加工商企业的高层决策，因此保持了对工商企业的强有力控制。

《帕特曼报告》一书的出版产生了相当大的影响，其对第二次世界大战以后美国经济集中的情势作了较为详尽的考察。

---

① 张帆. 战后美国银行垄断资本与工业垄断资本的融合——驳金融资本消失论 [J]. 世界经济，1980（7）：1-9.

② 帕特曼报告（第一版）[M]. 王继祖，等译. 北京：商务印书馆，1980.

贝恩·明茨和迈克尔于 1985 年明确提出了"金融霸权论"①（the theory of finance hegemony），该理论主要见于其著作《美国企业的权利结构》。该书从理论上论证了金融机构实际上支配和控制着工商企业的观点。由于金融业资本在流动性、稀缺性、垄断性、可交换性、可选择性等方面明显优于产业资本，因而金融机构与工商企业两者之间的相互依赖是不对称的，金融机构相对于工商企业处于霸权地位。

"金融机构控制论"从理论和实证两个方面对 20 世纪以来金融资本在资本主义经济中的显著地位进行了详细分析。"金融机构控制论"主要侧重于从企业组织之间或者企业内部的权力结构展开分析。该理论认识了金融资本对资本主义社会经济关系的冲击，对资本主义经济制度的影响。

3. 银企关系制度论

第二次世界大战结束以后，德国和日本的经济迅速崛起，引起了众多经济学者的关注。其中尤以青木昌彦、钱颖一、奥野正宽等为代表的研究②较为引人注目，他们以比较制度分析为视角，将经济体制看作各种制度的集合，研究市场经济体制的多样性。他们经过研究后发现，德国、日本这些经济迅速崛起的国家有一个共同特征，即他们在经济快速增长时实施了符合本国国情的银企关系模式。他们把德国和日本两个国家这种产业企业组织与银行机构之间的关系称为主银行制度。他们认为企业组织与银行机构之间不仅是借贷关系，还包括其他四个方面的关系，即股份持有、结算账户、经营参与和公司债券的发行。

青木昌彦等从银行与企业之间的关系入手，既考察银行与企业的微观组织结构，又分析银企之间的关系对宏观经济的影响。他们将研究聚焦产融结合实现模式的内在机理和产融结合实现的经济绩效，比较全面深刻地揭示了产融结合实现及其模式对一国经济增长的重要意义。

---

① 贝恩·明茨，迈克尔·施瓦茨. 美国企业的权利结构 [M]. 芝加哥：芝加哥大学出版社，1985：77-80.

② 青木昌彦，奥野正宽. 经济体制的比较制度分析 [M]. 魏加宁，等译. 北京：中国发展出版社，2005.

2.4.2 西方经济学其他相关理论的产融结合实现机制思想

1. 交易费用理论

新制度经济学的鼻祖科斯首先创造性地提出了交易费用的概念，用来解释企业存在的原因以及企业扩展的边界问题。后来交易费用理论逐步发展成为新制度经济学的核心理论，广泛运用于产业组织、企业经济理论等研究中，对很多经济现象都具有极强的解释力。

交易费用理论的核心思想是：交易源于分工，交易费用是一种源于分工的制度成本。分工通过市场交易和企业交易两种组织方式实现。通过市场交易的成本有搜索成本、谈判成本、签约成本、监督成本等，这些成本可以称作交易费用。而组成企业参加市场交易，可以减少交易者的数量以及可能产生的交易摩擦，因此也降低了交易费用。该理论认为企业最显著的特征是价格机制的替代物。根据交易费用原理，当市场交易费用大于企业内科层组织费用时，企业内的管理交易就会替代企业间的市场交易；反之，市场交易费用小于企业内科层组织费用时，企业间的市场交易则会替代企业内部的管理交易。

产业资本同金融业资本融合的重要原因之一就是节省交易费用，降低成本。工商企业与金融企业结合成产融集团后，可以降低和抵销一部分不必要的搜索成本、谈判成本、签约成本和监督成本。当企业集团的金融服务由企业内部金融机构来提供，则与这些服务有关的交易费用就可以省去，从而提高了企业集团因金融服务内部化而带来的收益。

2. 协同效应理论

协同效应由德国物理学家赫尔曼·哈肯提出并系统论述。协同效应是指两种或两种以上的组分相加或调配在一起，所产生的作用大于各种组分单独应用时作用的总和。协同效应原本为一种物理化学现象，又称增效作用。后来，协同效应理论被广泛运用于经济学和管理学中。两个或者两个以上的企业组织联合，可以实现品牌、客户、市场、管理、财务等方面的共享，而降低的成本或增加的产品差异性足以超过共享成本，从而使企业获得竞争优势。

因此，根据协同效应理论，产业资本与金融业资本融合后结成产融结合型企业集团，一方面可以充分发挥金融业资本流动性强的特质，在一定地域和行业范围内进行收购、整合；另一方面可以充分发挥产业资本在行业领域内长期积累的品牌效应、客户资源、市场资源等优势。实现产业资本和金融业资本的协同，从而降低成本，增强竞争优势。

3. 规模经济理论

规模经济理论是现代经济学的基本理论之一，在组织经济学、现代企业理论研究中具有重要的作用。规模经济理论的主要内容是在一段时期内，企业生产规模扩大，产能增加，产品的单位成本下降，即经营规模扩大可以有效降低成本，提升盈利能力。资本扩张是企业取得规模经济效应的重要途径。在实践中企业往往通过兼并实现企业的规模效益，即产量的提高和单位成本的降低。

随着生产力水平的不断进步，为了获得规模经济效应，集团化成为企业发展的方向。工商企业与金融业机构融合成产融结合型企业集团，可以利用多样化经营所形成的规模经济的效用来降低成本，实现多渠道获利。

第3章

国内外产融结合实现机制的
历史考察

　　本章将分别从国内外产融结合实现的历史进程和总体趋势考察产融结合实现的历史演进。较之于中国，西方国家产融结合实现的历史较长，发展较为成熟。

3.1　国外产融结合实现机制的历史考察

3.1.1　国外产融结合实现机制演进的历程

　　产融结合横跨实体产业和金融业。产融结合实现后生成产融结合型企业集团。产融结合企业集团开展多元化、规模化经营。由于规模大，有一定的垄断性。产融结合企业集团产业多元化，又牵涉金融行业，金融业是一个具有较强外部性的特殊行业，收益高风险大，在运行中往往受制于政府政策、法律法规的严格规制。本章根据法律法规对工商产业和金融业之间关系的规制程度为线索，以美国产融结合的实现为案例代表，结合西方国家产融结合的实际，将西方国家产融结合实现的进程划分为四个阶段。

1. 产融自由结合阶段

　　19世纪70年代开始，第二次工业革命极大地推动了社会生产力的发展，资本主义生产的社会化快速发展。随着资本主义生产社会化的发展，资本主义生产逐渐开始集中，形成垄断性的工商产业组织。随着工商产业资本的集中，经营货币资本的银行业也逐步集中，形成垄断资本。在此基础上，工商产业资本和银行业资本逐渐融合，一方面，工商产业机构通过参股、控股的方式参与银行业机构，或者直接投资创办自己的银行；另一方面，部分银行也参股、控股工商产业企业或直接投资创办工商企业。在资本融合的基础上，银行业机构与工商产业企业互派高级管理人员，人事方面也相互渗透融合。在工商产业与银行业融合的过程中，西方国家产生了一批大型的垄断产融结合集团，如美国的摩根财团、洛克菲勒财团，英国的巴克莱财团，日本的三菱财团、三井财团、住友财团，德国的德意志银行财团等。

这段时期产融结合实现的经济体制基础是完全放任的市场经济体制，放任金融业和工商产业的结合，允许工商企业和金融机构之间相互持股和跨业经营。这个阶段企业组织实现产融结合的动力主要源于对垄断利润的追逐，至于集团内部资本配置的合理性、组织内部的协同、产业的协调性基本都没有顾及。由于不受政府的干预和法律法规的限制，所以一些产融结合型企业集团发展很快。截至第二次世界大战前，美国经济基本上形成了由摩根、库恩－洛布、洛克菲勒、芝加哥、梅隆、杜邦、波士顿和克利夫兰等八大财团控制的格局。

2. 产融限制结合阶段

20 世纪 30 年代，资本主义世界爆发了史无前例的经济大危机。经济危机爆发后，导致大量工商产业机构破产和银行等金融机构倒闭。工商产业机构与银行业机构的信用关系全面崩溃，极大地震撼了资本主义世界。经济危机后资本主义国家总结了造成这次大危机的原因，认为间接融资与直接融资的混合是其中的主要原因之一。鉴于此，经济危机后西方国家普遍开始执行产融分离的政策，限制银行业机构参股、控股产业机构，以此防范金融风险的传递[1]。

---

① Mark J. Roe. Some Differences in Corporate Structure in Germany, Japan and United States [J].
Yale Law Journal, 1993 (102): 66.

1933 年，美国先后颁布了《格拉斯—斯蒂格尔法》《证券法》等法律法规，规定银行不得持有工商业机构的股份；实行银行业与证券业的分业经营、分业管理；不允许混业经营，等等。而其他国家也大都效仿美国的这种做法。因此，经济危机后西方各国产融结合成为单向的工商业企业可以参股、控股银行业机构，而银行业机构不能参股、控股工商企业。总的来说，20 世纪 30 年代经济危机后直到 20 世纪 80 年代，属于产融限制结合阶段。但这种限制并未实质性地阻止产融结合实现的进程。因为在这样的监管框架下，虽然银行和非银行金融机构参股、控股工商产业机构受到市场准入等多方面的严格限制，但产业机构还是可以参股、控股金融业机构。所以这一阶段产融结合实现的路径总体上是由产到融，由融到产基本上受到了限制。

由于受到政府的严格监管，该阶段产融结合实现的动力也发生改变，由初级的获取便利的信贷支持及追逐金融业的高利润转向寻求多元化经营和综合金融服务。产融结合实现后运行的宏微观效应逐步显现，既显现出正效应，也显现出负效应。从产融结合运行的实际情况来看，产融结合实现后的微观正效应已经有所显现，一部分实体企业已经形成了集团化发展的模式，一些由证券公司、保险公司、银行公司等组成的综合类金融集团不断壮大。但如内部交易、操纵金融市场等微观负效应也有发生。从产融结合运行的宏观效应来看，产融结合助推经济发展效应、优化资源配置效应、财富效应等正效应开始逐步显现，但引发道德风险、导致垄断的负效应也已经有所显露。

美国产融结合实现的典范——通用电气，正是在这个阶段得到了快速发展。1933 年通用联络信贷有限公司（GE Contract & Credit Corporation）成立，作为一个业务领域开始启动。成立之初，通用资本（GE Capital）主要是帮助购买通用电气家电产品的消费者提供信贷，从而帮助电器经销商在大萧条状况下推销通用电气生产的冰箱、电炉等电器产品。第二次世界大战后为了更好地帮助个人提供贷款，由 GE Contract & Credit Corporation 更名为 GE 信贷公司，主要的业务是为客户提供消费信贷，一直持续到 20 世纪 50 年代初。为了扩张，通用电气需要进行大量融资，开始发行各种商业票据。GE 信贷公司开始发行 GE 的公司债券。20 世纪 60 年代末，GE 信贷公司开始出租其他设备。到了 20 世纪 70 年代末，GE 信贷公司开始进入商务融资的时代（见图 3-1）。

图 3-1 通用电气产融结合发展历程

我们可以看出通用电气在这一个阶段的产融结合实现专注于消费者信贷，为推动集团产品销售服务，产融结合服务对象也主要在通用电气内部。这个阶段的金融业务虽然规模还比较小，但有效地推动了经济危机后通用电气产品的去库存，为 20 世纪 80 年代以后通用金融的发展奠定了组织、人才基础。

3. 产融结合放松阶段

20 世纪 70 年代以后，西方国家发生了普遍的经济滞胀，出现了强劲的以放松管制为特征的政府规制改革浪潮。[①] 科斯、威廉姆森等学者提出了企业集团市场内部化理论。[②] 政府规制改革和企业集团市场内部化理论推动了有关放松金融管制、实行金融自由化的政策主张迅速兴起。1980 年 3 月美国政府颁布《放松存款机构管制和货币管理法》，开始放松金融管制，实行金融自由化政策。1999 年 11 月颁布《金融服务现代化法案》，打破了 1933 年《格拉斯—斯蒂格尔法》对金融混业经营的限制，允许商业银行和投资银行合并。该法的颁布，使美国金融业走向了混业经营的新时代。虽然商业银行机构参股、控股工商产业机构以及直接投资创办工商企业的限制仍然存在，但资本市场为商业银行介入工商产业企业并购提供了渠道。

---

① 黄隽. 商业银行：竞争、集中和效率的关系研究［M］. 北京：中国人民大学出版，2008：22-23.

② 张庆亮，杨莲娜. 产融型企业集团［M］. 北京：中国金融出版社，2005：79-82.

产融结合政策的放松促进了产融结合的快速发展。投资银行和投资基金成为这个阶段产融结合实现的主导力量。金融企业与非金融企业之间的界线日益模糊，产业型企业投资金融的热情亦是高涨。虽然政府对产融结合的监管放松了，但是由于前两个阶段产融结合实现的经验积累，大多数企业产融结合实现的动力开始由初级的获取便利的信贷支持、追逐金融业的高利润动因，中级的寻求多元化经营、综合化金融服务的动因向更高层级的追寻资本合理配置、组织内部协调、实体产业与金融产业的协同转变。

通用电气的产融结合实现在这个阶段得到了飞速发展。进入20世纪80年代，随着产融结合实现政策的放松，通用电气旗下的通用金融部门很快发展成为一个"非银行的金融机构"，其业务包括了除存款业务之外的所有其他金融功能。到2000年，通用金融盈利52亿美元，占通用总收入的41%，资产达3700亿美元。而2002年这一资产扩展到4890亿美元，净利润增加到46亿美元。通用电气金融主要包括GE商务融资和GE消费者融资。GE商务融资提供租赁服务、融资项目、商务保险和再保险等一系列金融服务和产品，主要业务包括航空金融服务、商务设备融资、公司理财服务、能源设施金融服务、机队服务、医疗健康金融服务、房地产贷款和供应商金融服务。GE消费者融资向世界各地的消费者、零售商和汽车经销商提供信用服务与金融产品。[1]

以通用电气为代表的大型企业集团在此阶段大力推行产融结合，其金融部门创造的利润占到集团总利润的一半。

4. 产融结合收紧阶段

2007年，起源于美国的次贷危机逐步演化成了席卷全球的金融危机，由金融危机演变成全球性经济危机，西方国家多家大型金融机构纷纷倒闭，一些实体产业企业也破产倒闭。本次经济危机的巨大震动，引发了国际学术界、经济界和政界的大量反思，认为金融监管不力引发了这场大危

---

[1] 姜燕. 通用电气"产融结合"战略研究［D］. 北京：北京化工大学，2007.

机。美国重启金融监管制度改革。2010 年 7 月 21 日，美国时任总统奥巴马正式签署了《多德—弗兰克法案》。该法案被认为是 20 世纪 30 年代以来美国改革力度最大、影响最深远的金融监管改革。该法案旨在通过改善金融体系问责制和促进金融机构交易透明化，以促进美国金融稳定，解决"大而不倒"问题，保护纳税人、消费者利益等。

在经济危机的冲击下，一些产融结合型企业集团损失惨重。部分产融结合型企业集团开始陆续撤离金融领域、回归到主营业务上来。通用电气表示，要在两年内剥离旗下价值 3630 亿美元通用资本的大部分金融业务，以期更加专注于高端制造业（见图 3 - 2、图 3 - 3、表 3 - 1），① 这引起了各界的广泛热议。但我们也要注意，GE 缩减金融业务并不是完全不保留金融业务，剥离的主要是与主业关系不大的贷款租赁、房地产等业务，总价值约为 2000 亿美元，而航空金融服务、能源金融服务和医疗设备金融业务被保留。通用电气保留的金融资产主要与出售飞机发动机、医疗设备、发电和电网设备产品直接相关。

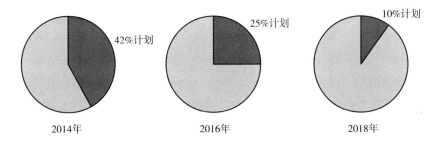

图 3 - 2　GE 金融业务利润占集团总利润计划百分比

图 3 - 3　2015 年 GE 剥离金融业务概况

---

① 杨晓波. 通用电气重组转型回归高端制造业［EB/OL］. 新华网，http：//news. xinhua-net. com/fortune/2015 - 04/13/c_127681347. htm.

表 3 - 1　　　　　　2012 年以来通用电气旗下金融业务剥离情况　　　单位：亿美元

序号	时间	交易额	标的	交易对手	备注
1	2011 年 8 月	25	海上集装箱租赁业务	中国海航集团和 Bravia Capital	已完成
2	2012 年 2 月	不详	中国区业务	野村证券（Nomura）	不详
3	2014 年 6 月	6	瑞典、丹麦和挪威的消费者金融业务	西班牙国际银行（Santander Central Hispano）	已完成
4	2014 年 11 月	16	日本住宅地产业务	黑石集团	已完成
5	2015 年 3 月	63	澳大利亚和新西兰的消费者金融业务	KKR & Co. 等私募	已完成
6	2015 年 4 月	265	美、英、加等商业地产业务及相关债务	富国银行（Wells Fargo）和黑石集团	已完成
7	2015 年 5 月	50	澳大利亚商业贷款业务	KKR 和德意志银行	已完成
8	2015 年 6 月	740	美国商业贷款及租赁业务	富国银行	不详
9	2015 年 8 月	160	美国线上贷款业务和经济存单业务	高盛集团	已完成
10	2015 年 12 月	48	日本商业金融业务	三井住友金融集团	已完成
11	2016 年 4 月	500	联名信用卡及零售金融业务	Synchrony Financial 剥离上市	不详

为此，我们可以看出，以美国为代表的西方国家产融结合实现经历了长时间发展和前后几个阶段的演进后，产融结合实现的动力摒弃了早期为获得更多信贷支持、赚取金融业高利润的低级动因，转为向实现工商产业与金融产业的优势互补演进。从产融结合运行来看，更加注重资本配置比例、组织内部的协同、产业间的协调和监管的到位。

3.1.2　国外产融结合实现机制演进的总体趋势

产融结合作为一种重要的经济现象和社会化大生产发展的产物，兴起于 19 世纪 70 年代。最初主要是银行业资本与工商业资本之间的结合，银

行业资本在二者的结合中居于主导地位。后来随着证券、保险、基金业等
金融业的发展，与工商产业也有不同程度的融合。20 世纪四五十年代以
来，工商产业资本与金融业资本的结合在西方国家经济社会生活当中依然
占有支配地位。吴大琨等指出："在美国，大约 20 家最大银行，约 10 家最
大保险公司，约 10 家最大投资银行，还有为数不多的最富有家庭，与约
100 家或 200 家最大工商业公司有机地结合起来，控制着大部分工商业、
金融业、交通业、服务业，统治着全社会的经济生活。[①]"吴大琨等用数据
刻画了产融结合对美国经济社会生活的影响。实际上，其他西方国家的情
况跟美国也相似。但 20 世纪四五十年代以来，产融结合在渠道、方式及程
度等方面表现出一些新特征和新变化。

1. 产融结合实现的组织形式更加多样化

产业资本与金融业资本结合的组织形式由以商业银行为主转变为多种
类型的金融业组织。众多非银行金融机构跟工商产业机构实现结合，产融
结合实现的组织形式更加多样化。

金融业资本除了银行业资本，还包括财务公司、证券业、保险业、期
货业、信托业、基金业、租赁业等以货币金融为运作对象的其他金融业资
本。在一些国家和地区，以各种基金会为代表的非银行金融机构发展迅
速，成为产融结合的重要载体，成为工商业机构重要的伙伴。而产融结合
的产业资本也发生了重大变化，除了传统的工商业外，农业、交通运输业
及其他新兴产业等也纷纷进入金融业，寻求跟金融业的结合。

综上所述，随着生产力的发展、产业结构的变迁、金融产业和资本市
场的发展，奠定了产融结合实现的产业和市场基础，产融结合实现的组织
形式更加多样化。

2. 金融机构与工商产业机构之间的结合由控制为主转为合作为主

20 世纪四五十年代以前，在金融业机构与工商产业机构的结合中银行
业机构占据主导地位。银行业机构通过资金供给、人事参与、咨询决策等

---

① 吴大琨. 金融资本论 [M]. 北京：人民出版社，1993：53.

形式支配工商产业机构，产融结合的实现是以银行业机构为中心。银行业资本与工商产业资本之间的结合比较固定、单一、集中，较少发生变动。

20 世纪四五十年代以来，一方面，随着经济技术的发展，工商产业开展多元化、规模化经营，自身实力日益增强；另一方面，金融产业也不断发展，金融机构日益多样化，金融业务不断创新。同类金融机构在相同地域范围内和不同金融机构在相同业务之间的竞争日趋激烈。金融机构与工商业公司之间的结合由比较固定、单一、集中，变得松散、多样、分散。金融业机构凭借资金的优势支配和控制工商产业机构的情况不再多见。金融机构对工商业公司股权的传统控制受到了一定程度的抑制。金融机构与工商业公司之间的结合往往是基于共同利益，为追求共同发展而结合成共同体，因而是以相互依赖、相互合作为主的结合。这种合作，在一定程度上结成了命运共同体。

金融机构与工商业公司之间的结合由控制为主转为合作为主，其背后的原因在于产融结合的动力更加注重实体产业与金融业之间的产业协调。在产融结合实现的运行上更加注重资本配置的合理化、组织内部的协同。

3. 实体产业经营始终是产融结合实现的核心

无论是从西方国家整体产融结合实现的演进历程还是从单个企业集团产融结合实现的演进来看，产融结合实现成功的关键在于必须遵守实体产业经营始终是产融结合实现的核心。产融结合实现成功的基础在于实体产业经营的稳健，金融业始终是为实业经营服务的。例如，产融结合的典范通用电气，最初是在产业领域形成了稳定的盈利模式，然后取得了行业的领先地位和竞争优势，才开始实施产融结合。可见，产业经营始终是产融结合实现的核心，有什么样的产业基础才能够支持相应层次的产融结合战略。

3.2　我国产融结合实现的演进

我国的产融结合真正始于改革开放后，依据经济发展水平、制度文化和具体国情等实际情况，走出了一条不同于其他国家的产融结合实现道路。产融结合实现作为一种经济机制，构筑于经济制度和经济体制基础之上。改革开放以来，我国的经济体制不断深化改革，因此本书基于我国经济体制改革的时间节点，将我国产融结合实现演进的历史进程划分为四个阶段，并结合四个阶段的划分来把握产融结合实现的动态演进。第一阶段：1978～1992 年，是我国产融结合实现的萌发阶段；第二阶段：1993～2002 年，是我国产融结合实现的形成阶段；第三阶段：2003～2012 年，是我国产融结合实现的发展阶段；第四阶段是随着 2013 年党的十八届三中全会的召开，中央全面深化改革启动，我国产融结合实现进入规范发展阶段。

3.2.1　我国产融结合实现的萌发阶段

1978～1992 年，是我国产融结合实现的萌发阶段。我国的经济体制改革经历了"计划经济—有计划的商品经济体制—计划与市场内在统一的经济体制—社会主义市场经济体制目标的确立"，改革的重心逐步从农村的家庭联产承包责任制转移到城市的国有企业经营机制，经营机制为厂长经理负责制和试点的承包制、租赁制、股份制并行，所以当时的理论热点和重点在于搞活经济体制及企业的经营机制。但是产融结合的先行者们已经开始了理论和实践的探索。

产融结合实践最早的典型有吉林市松江财团①、北方集团的银企财团协议②，采用了财团和银企协议这两种产融结合实现的初级形式。1987 年7 月，我国第一家真正意义上的财务公司——东风汽车财务公司宣告成立。之后，全国性的由企业兴办的股份制商业银行先后成立。1987 年 4 月 8日，招商银行成立，招商银行是我国第一家完全由企业法人持股的股份制商业银行；1987 年 4 月 14 日，中信集团银行部改组成中信实业银行，成

① 田汇东，王祖诚，杜云昆. 产业与金融结合的一种新形式——记吉林市松江财团［J］.经济管理，1987（10）：22.
② 刘兴利，杨自彬，向培森. 从沈阳有色公司利用横向联合解决"三源"短缺引起的联想［J］. 经济管理，1986（7）：40.

为第二家由国有企业兴办的银行；1992 年 8 月，中国光大银行成立，成为第三家由国有企业兴办的银行；1992 年 8 月，上海浦东发展银行设立；1992 年 10 月，华夏银行成立，成为第一家由工业企业负责兴办的银行，也是国内第四家由国有企业兴办的银行。东风汽车财务公司以及后来相继成立的财务公司和四家全国性商业银行的共同特点是由国有企业兴办，通过集团公司全资建立，走的是属于由产到融的产融结合实现路径，主要采用商业银行和财务公司两种组织形式实现产融结合。虽然总体数量少，但开启了我国产融结合实现的新纪元，该阶段属于我国产融结合实现的萌发期。

由于该阶段股份制尚处于试点期，因而产融结合实现机制主要是银企外部的结合和集团公司内部财务的融合，顺应了国有企业改革试行组建产学研等经营一体化的大型企业集团的需要。因而该阶段产融结合实现的动因主要是基于政府鼓励企业集团化发展的外在推力。

在这个阶段，国家发展大型企业集团的战略是产融结合发展的一个重要外生推动因素。为推动大型企业集团快速成长，国务院及其各部门颁发了许多政策性文件。例如，1991 年国务院批转了原国家计委、体改委和国务院生产办公室的《关于选择一批大型企业集团进行试点的通知》（以下简称《通知》），明确表示要达到"企业组织结构调整""生产要素合理流动""形成群体优势和综合功能"，以及"提高国际竞争力"等试点目标[1]，并列出了 55 个试点企业的名单。在具体的措施中，《通知》明确提出"试点企业集团要逐步建立财务公司"。1992 年，中国人民银行、原国家计委、体改委和国务院经贸办等又联合发布了《关于国家试点企业集团建立财务公司的实施办法》，明确了财务公司的性质、业务范围和设立条件等[2]。因此，在这一阶段，我国国内产融结合的萌发，一方面主要是受到国家发展大型企业集团战略的推动，1986 年和 1987 年国务院相继发布了《关于进一步推动横向经济联合若干问题的规定》和《关于组建和发展

---

① 国务院批转国家计委、国家体改委、国务院生产办公室关于选择一批大型企业集团进行试点请示的通知 [EB/OL]. 中央政府门户网站，1991 – 12 – 14.

② 中国人民银行、国家计委、国家体改委、国务院经贸办关于国家试点企业集团建立财务公司的实施办法 [EB/OL]. 人民网—法律法规库，1992 – 11 – 12.

企业集团的几点意见》，明确支持企业集团设立财务公司，企业集团借此进入证券、租赁和信托等金融领域；另一方面是因为金融体系改革，特别是 20 世纪 80 年代中期开始的银行体系改革，使工商企业参股银行成为可能，但整体上还不具备产融结合实现的制度、体制和组织基础。

3.2.2 我国产融结合实现的形成阶段

1993～2002 年，是我国产融结合实现的形成阶段。1993 年，党的十四届三中全会通过了《关于建立社会主义市场经济体制若干问题的决定》，勾画出我国社会主义市场经济体制的基本框架。1997 年，党的十五大确立了公有制为主体多种所有制经济共同发展的经济制度。以公有制为主体多种所有制经济并存的经济制度的确立为产融结合实现奠定了制度基础，社会主义市场经济体制的确立为产融结合的实现奠定了体制基础。经济制度基础和经济体制基础奠定了我国产融结合实现形成阶段的基础。

产融结合在这一段时期的实践中表现为以新希望、海尔等为代表的民营企业集团和银行、证券公司等组织形式实现产融结合。2001 年初，新希望集团拉开了产融联姻的序幕，首先以持股 7.98% 成为民生银行的大股东；随后，又以 6000 万元的资金入主民生保险。2001 年，海尔集团先入主青岛市商业银行，再通过参股成为长江证券第一大股东，随后成立海尔保险代理有限公司，先后取得了信托、保险、证券、银行几乎所有的金融牌照。2002 年 9 月，海尔又成立了注资 5 亿元的集团财务公司。2002 年 12 月与美国纽约人寿保险公司组建合资保险公司。至此海尔集团涉足金融领域，涵盖了银行、保险、证券、信托、财务公司等业务。其对金融业的目标，已不仅仅是寻求一个新的增长点，正如海尔总裁张瑞敏向外界宣布的那样，海尔要打造一个"产融结合的跨国公司"。据有关统计，2001 年前后全国共有近 20 个大型传统企业涉足金融保险业，涉及的金额达上百亿元。民营企业集团实现产融结合成为该阶段的鲜明特点，产融结合实现除了商业银行和财务公司两种组织形式外，还出现了通过信托、保险、证券公司的组织形式实现产融结合。总体上这个阶段实现产融结合的企业数量进一步增加，资金体量进一步增大，属于我国产融结合的形成期。

1993~2002 年，产融结合的实现随着社会主义市场经济体制框架的逐步建立、细化落实和我国加入世界贸易组织的机遇期，形成了财务公司、国有企业控制的股份制金融机构、民营企业控制的股份制金融机构并存的产融结合实现的组织体系，标志着我国的产融结合实现进入形成阶段。

该阶段我国已经基本构筑起了产融结合实现机制的制度、体制和组织基础。产融结合实现的动力由政府外在的推力转化为企业集团内在的动力。但该阶段我国企业集团产融结合实现机制的动力还主要表现在追逐金融业的高利润和获取便利的信贷支持的初级动因上，产融结合实现的水平还不是很高。

3.2.3 我国产融结合实现的发展阶段

2003~2012 年，是我国产融结合实现的发展阶段。2003 年，中共十六届三中全会通过《关于完善社会主义市场经济体制若干问题的决定》，股份制作为公有制的主要实现形式广泛推开，现代企业制度大力推行，体制机制的完善全方位展开，金融分业监管体制继续完善，国有商业银行和保险公司股份制改革步伐加快，资本市场进一步开放，体制机制的活力进一步释放，经济主体的活力进一步激发。2011 年底，我国沪深两市 A 股市场上共有 490 家非金融类上市公司实现不同程度的产融结合，产融结合实现了财务公司、银行、证券、保险、信托、期货、基金等多种类型的组织形式，央企的产融结合实现首次正式得到了肯定[1]。有统计表明，截至 2012 年，国内央企控制的金融子企业总资产规模已经达到了 2 万亿元，中石油、国电、中石化、招商局、中航工业、中海油及中化集团等八家企业集团的金融板块占据了央企的 60%；同时，2004 年以来，国内的金融资产规模增长幅度非常之大，如银行资产就从不到 20 万亿元增长到了 2013 年的 140 万亿元，银行业的盈利能力也从初期的 2000 多亿元增长到现在的超过 2 万亿元[2]。总而言之，产融结合实现组织形式的多样化和产融结合实现资金

---

① 周婷. 国资委支持央企"产融结合"，鼓励央企不留存续资产整体上市 [N]. 中国证券报，2010 – 12 – 24.

② 饶霞飞. 中国产融结合热潮：央企金融资产达 2 万亿 [EB/OL]. 21 世纪网，2013 – 11 – 08.

规模化标志着我国产融结合实现机制的进一步发展。

在此阶段,"德隆系事件"的发生,对我国产融结合实现的进程产生了重大影响。德隆在十多年时间里,发展成为拥有 177 家子公司和 19 家金融机构的巨型产融结合型企业集团。从 2003 年底,德隆发生财务危机。在短短两个月时间内,其 200 亿元市值灰飞烟灭,"德隆系"在 2004 年 4 月轰然倒下。后来各方在总结德隆失败的原因时,认为既有其公司治理的失败、公司多元化经营的失效等内部原因,也有外部环境的影响。但德隆事件的发生也对我国的金融监管提出了挑战。德隆风险爆发后,随后农凯、闽发、托普等企业集团在推动产融结合过程中,也相继爆发严重危机,甚至面临倒闭。2004 年,国有资产监督管理委员会下发了《关于推动中央企业清理整合所属企业减少企业管理层次有关问题的指导意见》,央企纷纷进行内部结构调整。2006 年,国资委发布了《中央企业投资监督管理办法》,要求所有国有企业开展国内产权收购或长期股权投资项目向国资委报告。2008 年 7 月,国资委召开的央企负责人会议,对部分央企过强的扩张冲动提出警告,加大对央企并购重组的控制力度,禁止大型央企涉足金融业、房地产业等项目。但国际金融危机后特别是 2009 年来,为了加快经济复苏,我国大力刺激国内需求,产融结合的政策再次受到鼓励。2010 年 12 月,国资委首次公开支持"有条件的企业可以探索产融结合"。

德隆等系列危机事件反映出必须对跨市场、跨行业的金融风险进行严格监管,如果防范不力,一旦危机爆发,极可能造成系统性风险,会对整个经济金融体系带来严重后果。必须建立分业监管体制下的统一协调机制和金融监管相关部门金融市场信息共享机制。

该阶段我国产融结合实现机制的制度、体制和组织基础进一步完善,产融结合实现机制的市场基础形成,实现产融结合企业集团的数量显著上升,产融结合实现的资金体量快速增长。该阶段我国企业集团产融结合实现机制的动因由追逐金融业的高利润和获取便利的信贷支持的短期初级动因逐步向多元化经营和综合化金融服务的中级动因转换。当然该阶段企业集团产融结合运行的资本配置比例不尽合理、组织内部的协同度和产业的协调性都还不具备,外在的监管合力尚未完全形成。虽然国家没有明确的产融结合实现政策,但央企的产融结合实现首次得到了国资委的内部肯定。

3.2.4　我国产融结合实现的规范阶段

党的十八大以来，党和国家各方面的事业都发生了历史性变革、取得了历史性成就。2013 年以来，随着全面深化改革的启动，我国产融结合实现的广度和深度伴随着经济体制改革的步伐逐步加深。产融结合实现与产权改革、国有企业改革、金融体制改革等议题紧密相关。党的十八届三中全会对"完善产权保护制度、积极发展混合所有制经济、推动国有企业完善现代企业制度和支持非公有制经济健康发展"等方面经济制度全面深化改革的部署，产融结合实现机制的制度基础愈发完善，产融结合实现迎来新的发展契机。党的十九大作出中国特色社会主义进入了新时代的重大政治判断。党的十九大报告提出深化金融体制改革，增强金融服务实体经济能力。党的十九届四中全会进一步指出要健全具有高度适应性、竞争力、普惠性的现代金融体系。构建惠普性、服务性的现代金融体系，是党中央为新时代实体经济与金融业融合发展提出的顶层设计思路。

2018 年 4 月 27 日，中国人民银行、中国证券监督管理委员会、中国银行保险监督管理委员会发布《关于加强非金融企业投资金融机构监管的指导意见》，从正面清单和负面清单明确金融机构控股股东资质，加强金融机构股权质押、转让和拍卖管理等条款，还重点提到风险隔离的重要性，要求金控集团合理建立"防火墙"。2019 年，国资委印发《关于以管资本为主加快国有资产监管职能转变的实施意见》，指出党的十九届四中全会明确要求，形成以管资本为主的国有资产监管体制，这是以习近平同志为核心的党中央立足党和国家事业发展全局、对深化国资国企改革作出的重大决策，对于优化国有资本布局、发挥国有经济主导作用、促进国民经济持续健康发展具有十分重要的意义。因此，完善产融结合监管机制，更好地规范产融结合发展成为现阶段实现国企改革任务、稳定金融市场发展的重大方向，也为产融结合的长远健康规范发展提出了要求。

新时代新发展阶段，随着体制机制"藩篱"的进一步突破，产融结合规范发展的新要求逐步落实，产融结合实现模式的进一步创新，我国产融结合实现进入规范发展阶段。随着"一带一路"建设的实施，我国无论是实体产业企业集团还是金融业企业集团与"一带一路"沿线国家和地区将会有更多的合作。"一带一路"建设将带动我国产融结合实现"走出去"，为我国产融结合规范发展带来新的契机。

虽然，总体上来看，我国产融结合实现的规模和水平仍然还处于初级阶段，但经过萌发、形成、发展、规范几个阶段的发展，已经对我国构建系统的产融结合实现机制提出了新要求。

第4章

中国构建产融结合
实现机制的必要性

本章主要从世界经济发展新阶段与数字经济时代的新要求，国内经济发展步入新时代新阶段与全面深化改革的新要求，我国产融结合实现的态势、现实困境、规范发展的新要求等三个方面研究中国构建产融结合实现机制的必要性。

4.1 世界经济发展的新要求

4.1.1 世界经济发展新阶段的要求

三百多年来，资本主义从初期的商业资本主义阶段发展到工业资本主义阶段，又发展到金融资本主义阶段。随着经济全球化的扩展和经济金融化程度的日益加深，全球范围内的生产和资本进一步集中，除极少数新兴行业外，大多数行业都已经形成了或者正在形成寡头和垄断，当代资本主义已经发展到国际金融垄断资本主义阶段。据瑞士专家针对全球4.3万家公司的调查研究表明，存有千丝万缕关系的147家跨国公司控制了全球近半数的财富。参与此项目研究的瑞士学者詹姆斯·格拉特费尔德指出，不到1%的公司控制着整个世界四成的财富。这其中大多数为国际金融垄断资本集团，如巴克莱银行、摩根大通银行、高盛公司、美林公司、摩根士丹利等①。国际金融垄断资本的载体是巨型的跨国公司，它们在国际国内都具有垄断地位，垄断了全球绝大部分市场份额，成为全球垄断寡头。这些国际垄断跨国公司集生产、贸易、投资、技术开发、技术转让等行业和金融业为一体，形成金融业资本和以产业资本为主体的非金融业资本的产融结合型企业集团。据已有相关研究表明，在全球前 500 强企业中，80% 以上的企业集团已经实现了产融结合②，形成了以美英为代表的市场主导型、德日为代表的银行主导型和韩国为代表的政府主导型三种主要的产融结合模式。它们通过生产一体化、投资社会化、管理信息化和网络化等，控制着全球的生产、技术、资本、消费和市场，决定着整个世界经济的导向和秩序。

在国际金融垄断资本主义阶段，国家之间的竞争主要表现为经济竞争力，而经济竞争力往往表现为企业之间的竞争，特别是大型企业集团之间的竞争。企业是国家与国家之间经济竞争的主角，是国家经济竞争力的基础，是取得经济竞争优势的重要力量。随着经济全球化的深入发展，机遇与挑战并存，我国要想保持经济发展优势，赢得国际话语权，必须培育一批具有国际竞争力的世界一流企业。产融结合是现代经济发展过程中出现的一种重要经济现象，是提高企业集团核心竞争力的一条重要途径。企业在维护国家经济秩序和增强国际经济竞争力中具有重要的作用，只有做强做大做优企业才能增强国家的经济竞争力，才能更好地维护国际和国内的经济秩序，才能抑制跨国垄断势力，维护国家的政治经济安全。而充分发挥产业资本和金融业资本的协同作用，构建产融结合实现机制是企业做大做强做优的重要抓手。

4.1.2　世界经济进入数字经济时代的要求

随着物联网、大数据、云计算等新技术的发展和运用，互联网已经渗透经济社会的各个领域，成为经济发展和社会运行的主要推动力，成为促进经济增长和社会发展的重要力量。互联网深刻地影响和改变了世界经济

① 俄罗斯报纸网 10 月 20 日报道. 147 家跨国公司掌控全球半数财富［N］. 参考消息，2011 - 10 - 22.
② 苏云成. 中央企业产融结合研究［D］. 北京：财政部财政科学研究所，2012：1.

的运行方式和人们之间的交往方式。随着数字技术在全球范围内的广泛应用及其向各经济领域及环节的渗透，全球经济环境与经济模式均已呈现数字化转型特征，人类社会正在进入以数字化信息作为主要生产力的数字经济范式新阶段。中国信息通信研究院的数据显示，2016 年中国数字经济规模达到 22.7 万亿元，占全国 GDP 总量的 30.3%，已接近或超过一些西方发达国家的比重，在全球数字经济应用领域取得先发优势和比较优势[①]。2017 年中国数字经济规模达到 27.2 万亿元[②]，2018 年达到 31.3 万亿元[③]，年均复合增速为 17.4%。波士顿咨询研究预测表明 2035 年中国整体数字经济规模接近 16 万亿美元，数字经济渗透率为 48%。[④] 世界经济进入数字经济时代。2020 年全球范围内暴发的新冠肺炎疫情让人们更加认识到信息技术深度融合与数字化转型所带来的巨大效益，大数据、远程医疗、电子商务、移动支付等为疫情防控和复工复产都发挥了巨大作用，云办公、健康码、电子消费券等越来越被人们广泛接受。不可否认，经济数字化转型成为全世界发展最快、辐射最广的经济活动，这既是一个大命题，也是一个大趋势，数字经济业已跃升为中国经济模式革新中最为活跃的领域[⑤]。世界范围内数字经济发展势头强劲，不断深化拓展与各行各业各领域的融合，为传统经济注入新动能，成为国民经济发展的重要驱动力，在激发消费、拉动投资、创造就业等方面发挥出越来越重要的作用。

数字经济时代的典型特征有电子商务、互联网金融、搜索引擎、数据服务等。数字经济较之于传统经济，从交易环节来看，消费者可以与企业直接互动，交易环节减少，交易成本下降；消费者的多样化和个性化消费需求可以得到满足；从交易时间和空间来看，经济主体可以跨越时空交易，不受时间和地域的限制。

各传统行业为了适应数字经济时代的要求，从研发、生产、流通、销

---

① 中国信息通信研究院. 中国数字经济发展白皮书（2017 年）［R］. 2017.

② 中国信息通信研究院. 中国数字经济发展与就业白皮书（2018 年）［R］. 2018.

③ 中国信息通信研究院. 中国数字经济发展与就业白皮书（2019 年）［R］. 2019.

④ 波士顿咨询. 迈向 2035：4 亿数字经济就业的未来［EB/OL］. https://www.bcg.com/zh-cn/search.aspx? q = 2035&redir = true.

⑤ 经济参考报. 数字经济将成为拉动经济增长重要引擎［EB/OL］. 2020 年 3 月 26 日，http://www.jjckb.cn/2020-03/26/c_138918063.htm.

售及售后环节等各个环节入手，运用互联网工具改造传统的产业链条和运营模式。从其本质来看，是传统行业对互联网工具的运用。通过运用互联网工具，降低信息不对称程度，进行深度融合，延展产业链条，创造新的发展生态，形成新的经济发展形态。

2013 年以来，"互联网＋金融"即互联网金融的兴起较为引人注目。从组织形式上看，金融与互联网的融合方式主要有两种。第一种是传统金融机构加互联网，即传统金融机构利用互联网这个工具或者平台，实现内部办公、外部与客户及办理各种业务的信息化，即金融机构的互联网化。这种方式实际上从 20 世纪 90 年代中期就已经开始，随着传统金融业务的网络化，银行等金融机构通过互联网开展了线上服务，如网上银行、网上证券、移动支付、网上保险等。第二种是互联网产业与金融业务的结合，即互联网公司凭借其优势平台延伸产业链，做金融业务。这种方式是进入21 世纪以来，伴随着大数据、云计算、搜索引擎、社交网络、移动支付等互联网现代科技的飞速发展，各类互联网在线服务平台直接或间接向客户提供第三方金融服务业务开始兴起。例如，阿里巴巴、百度、腾讯、京东等新兴大型电子商务科技型企业集团陆续发展自己的金融业务或者与其他银行业机构合作开展业务，相继成立了浙江网商银行、深圳前海微众银行等金融机构。深圳前海微众银行是国内首家互联网民营银行，它是以腾讯公司为大股东发起成立的。微众银行主要采用互联网的经营模式，通过互联网模式的采用，大大降低了交易成本，既节省了传统银行有形网点建设和管理运营等庞大的成本，又节省了大量人力成本和客户来往银行网点的时间成本等。微众银行的互联网模式不仅降低了大量成本，还大大提高了金融交易的效率，客户可以不受时间、空间等约束办理大量银行业务，效率大大提高。

互联网计算机新技术的发展为互联网产业与金融业的融合带来便利，延展了互联网产业链条，也为其他产业企业与金融业的结合实现提供了技术通道，降低了融合成本。2016 年，多种产业资本和互联网金融企业纷纷进入供应链金融，使供应链金融得到飞速发展。供应链金融被看作是服务实体经济的有效工具，在产业协同、降低成本、提高效率等方面具有独特的优势。万亿元的供应链市场正在崛起，在数字经济时代下，如何提升供应链金融的竞争力，实现互联网产业和供应链金融的互惠共赢是一个重要的课题。因此，数字经济时代对产融结合实现机制的构建提出了新要求。

4.2 中国经济发展新常态新发展阶段和全面深化改革的要求

在经过四十余年的持续高速增长后，中国经济发展进入到新常态新阶段。2014 年 5 月，习近平总书记在考察河南的行程中首次提出我国经济发展步入"新常态"的判断[①]。他主要从我国经济发展的速度从高速增长转为中高速增长、经济发展的结构需要不断优化升级、经济发展的动力从要素驱动和投资驱动转向创新驱动三个方面阐释了经济发展新常态的特点。

我国经济发展的显著特征就是进入新常态，谋划和推动我国经济社会发展，就要把适应新常态、把握新常态、引领新常态作为贯穿发展全局的逻辑主线。适应新常态规定了今后经济发展的约束条件，把握新常态分析了未来经济运行的状态和趋势，引领新常态提出了中国经济可持续发展的价值取向和目标定位。引领新常态就是要贯彻创新、协调、绿色、开放、共享的发展理念，关键举措在于深化供给侧结构性改革和全面深化改革。

我国经济社会发展进入新时代新阶段。进入新发展阶段明确了我国发展的历史方位，贯彻新发展理念明确了我国现代化建设的指导原则，构建新发展格局明确了我国经济现代化的路径选择。要深入学习、坚决贯彻党的十九届五中全会精神，准确把握新发展阶段，深入贯彻新发展理念，加快构建新发展格局，推动"十四五"时期高质量发展，确保全面建设社会主义现代化国家开好局、起好步。

我国经济发展的速度从高速增长转为中高速增长，我国经济的结构必须不断优化升级，我国经济发展的动力必须从要素驱动和投资驱动转向创新驱动，关键在于全面深化改革的力度。国企改革、"一带一路"建设、金融体制改革等是新一轮全面深化改革的重要内容。因此，我国经济发展

---

① 习近平首次系统阐述"新常态"［OL］. 新华网，http：//news. xinhuanet. com/world/2014 - 11/09/c_1113175964. htm.

进入新常态新阶段为产融结合实现提供了新的机遇。而新常态新阶段也为产融结合提出了新的要求。为此必须要创新产融结合的实现机制，实现产融结合高质量、规范化发展。

4.2.1 供给侧结构性改革和振兴实体经济的要求

党的十九届五中全会提出要加快构建以国内大循环为主体、国内国际双循环相互促进的新发展格局。构建新发展格局，关键在于实现经济循环流转和产业关联畅通。根本要求是提升供给体系的创新力和关联性，解决各类"卡脖子"和"瓶颈"问题，畅通国民经济循环。而做到这一点，必须深化改革、扩大开放、推动科技创新和产业结构升级。要以实现国民经济体系高水平的完整性为目标，突出重点，抓住主要矛盾，着力打通堵点，贯通生产、分配、流通、消费各环节，实现供求动态均衡。同时，党的十九届五中全会进一步指出，要坚持把发展经济着力点放在实体经济上，坚持以推进供给侧结构性改革为主线，着力振兴实体经济。实体经济是我国经济发展的根基，大力发展实体经济成为当前促进我国经济持续健康发展的必然选择。振兴实体经济是壮大和发展金融业、防范和化解金融风险的根本举措，同时也是维护金融安全、保障金融稳定运行的必要前提和重要基础。大力振兴实体经济，让金融服务于实体经济而非脱离实体经济运行。特别是对于制造业大国的中国，制造业是实体经济的主体，也是供给侧结构性改革的主要方向。要积极发展制造业，从"制造大国"转变为"制造强国"，也离不开金融的服务与支持。

金融是现代经济的命脉、宏观规制的抓手、企业发展的血液。近年来，我国金融业快速发展，为经济持续快速发展提供了有力支撑，成为推动经济社会发展的重要力量。特别是近几年来，"稳增长"基调下偏宽松的政策环境加速了金融部门的扩张。截至 2020 年末，中国银行业金融机构总资产 319.7 万亿元，同比增长 10.1%。若考虑近些年我国银行业表外业务高速增长因素，我国银行体系的资产规模更为庞大。此外，我国金融业增加值占 GDP 比重从 2006 年的 4.54% 增加到 2016 年的 8.35%，已超过英国、美国和日本等发达国家水平（2016 年这三个国家金融业的 GDP 占比分别约为 8.1%、7.3% 和 5.2%）；2016 年，金融业上市公司利润占全部上市公司总利润的 55.64%；2016 年我国金融业净利润为 20286 亿元，而同期国有企业净利润为 23158 亿元，两者规模大体相当。

这些数据表明，无论从金融体量或者占比看，我国已经是金融发展大国，但也表明，我国金融业增加值和利润占比过高（见图 4-1），金融业（尤其是银行业）挤占实体经济利润比较严重（见图 4-2），存在明显的过度金融化倾向。

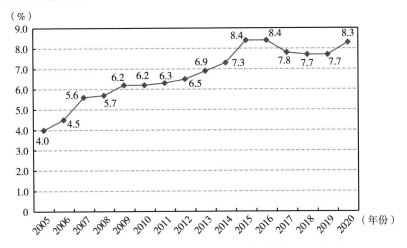

图 4-1　2005～2020 年中国金融业增加值占 GDP 比重
资料来源：国家统计局。

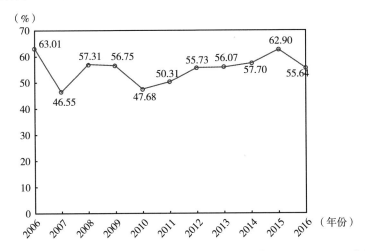

图 4-2　中国金融业上市公司利润与全部上市公司占比（2006～2016 年）
资料来源：Wind 资讯。

着力提高金融服务实体经济的能力和效率是推进我国金融供给侧改革的核心任务之一。2016 年 2 月 16 日，在中国人民银行等八部委联合印发的《关于金融支持工业稳增长调结构增效益的若干意见》的文件中，进一步强调了要加快金融供给侧结构性改革的任务。

近年来，我国金融业服务实体经济的能力虽然在不断提升，但长期困扰我国经济发展中的融资难、融资贵、融资慢的问题未能得到有效解决。例如，资金无法有效进入制造业等实体行业而流向房地产市场、股票市场等，或者资金就直接在金融业内部空转，或者资金从银行层层转手才能进入企业，导致实体经济融资成本上升。虽然我国的货币供应量以 10% 多的水平连年增长，流动性较为充裕，但实体经济仍然存在融资难、融资贵、融资慢的问题。金融业发展中"脱实向虚"的趋势没有得到根本性的遏制。经济运行中实体经济与虚拟经济之间严重失衡。

据中国社会科学院工业经济研究所工业经济形势分析课题组发布的《中国工业经济运行分析年度报告（2016—2017）》①显示，以农业、工业、建筑业、批发和零售业、交通运输仓储和邮政业、住宿和餐饮业的生产总值作为实体经济宽口径计算，我国实体经济规模占 GDP 比例从 2011 年 71.5% 下降到 2020 年的 61.1%（见图 4 - 3），而同期货币供应量 M2 是 GDP 的倍数从 1.74 倍上升到 2.15 倍比例（见图 4 - 4）。麦肯锡一份针对中国 3500 家上市公司和美国 7000 家上市公司的比较研究表明，中国的经济利润 80% 由金融企业拿走，而美国的经济利润只有 20% 归金融企业。2016 年 1~11 月，工业投资 206361 亿元，同比增长 3.4%，其中制造业投资 170152 亿元，增长 3.6%。实体经济与虚拟经济的失衡是我国经济运行的最大风险。

实体经济与虚拟经济的失衡实质上反映了金融供给与实体经济需求不匹配，必须拿出强有力并能与情况相匹配的措施进行解决。供给侧结构性改革的主题任务聚焦杜绝无效供给、低效供给，扩大有效供给，着力于提高供给结构对需求结构的适应性。因此，供给侧结构性改革为产融结合实现

---

① 中国社会科学院工业经济研究所工业经济形势分析课题组. 中国工业经济运行分析年度报告（2016—2017）［M］. 北京：中国社会科学出版社，2017.

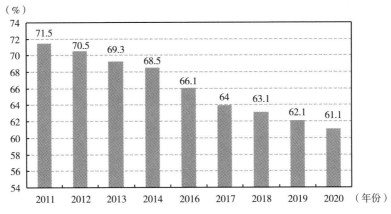

图4-3 2011~2020年中国实体经济规模占GDP比重

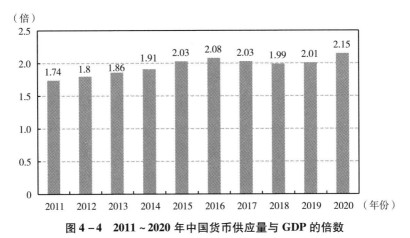

图4-4 2011~2020年中国货币供应量与GDP的倍数

提供了新的机遇。而实体经济的现实困境，也为产融结合提出了新的要求。为此必须要创新产融结合的实现机制，让金融业更大范围、更大程度地深入实体经济，让金融业与实体经济形成一种互相支持和互相支撑的格局。

4.2.2 全面深化改革的要求

1. 国有企业改革的新要求

中国共产党第十八届三中全会开启了新一轮深化全面改革。《中共中央关于全面深化改革若干重大问题的决定》从"完善产权保护制度，积极发展混合所有制经济、推动国有企业完善现代企业制度和支持非公有制经

济健康发展"四个方面部署了经济制度的改革。我国"十三五"规划提出
了深化"转变经济发展方式，调整经济结构"的战略部署。党的十八届三
中全会对"加快转变经济发展方式，推进经济结构战略性调整，健全促进
宏观经济稳定、支持实体经济发展的现代金融体系，全面提高开放型经济
水平、增强企业国际化经营能力、培育一批世界水平的跨国公司等"作了
更加具体的战略部署。

党中央针对国有企业改革，近来又提出了关于推进国有企业改革的
"三个有利于"，即"有利于国有资本保值增值，有利于提高国有经济竞争
力，有利于放大国有资本功能"，坚持社会主义初级阶段基本经济制度，
做强做优做大国有经济。中央全面深化改革领导小组第十三次会议强调，
要把国有企业做强做优做大，不断增强国有经济活力、控制力、影响力、
抗风险能力。在经济发展新常态新阶段和国企深化改革的背景下，发挥产
融结合的协同效应，形成"产"和"融"的良性互动，助推企业改革，推
动经济转型升级，实现"降风险、调结构、促转型、提增速"等宏观目
标，具有重要的现实意义。国有企业是转变经济发展方式和调整经济结构
的重要载体。《中共中央关于全面深化改革若干重大问题的决定》提出，
改革国有资本授权经营体制，组建若干国有资本运营公司，支持有条件的
国有企业改组为国有资本投资公司。国有企业集团改革发展的必然方向就
是产业资本和金融业资本相融合，形成产融结合型集团。产融结合不仅可
以满足国有企业混合所有制改革中的融资需求，激发现有业务以外的重要
业务增长点，而且能在资源配置、资产重组等方面发挥优势，推进国有企
业混合所有制改革的进程和效率。

推进国有企业混合所有制改革的进程和效率，提升开放型经济水平，
增强企业国际化经营能力等，国有企业都大有可为。我国大多数央企企业
集团都已经实施了或者正在谋划实现产融结合，产融结合实现与企业集团
的资源配置、与增强企业集团的经济竞争力紧密相关。新一轮深化全面改
革，为国有企业改革、发展提供了新的机遇，国有企业改革要用好产融结
合实现战略。为此，必须构建产融结合实现机制。

2. "一带一路"建设的新要求

"一带一路"，指丝绸之路经济带以及 21 世纪海上丝绸之路，国家发

展和改革委员会、外交部、商务部于 2015 年 3 月 28 日联合发布了《推动共建丝绸之路经济带和 21 世纪海上丝绸之路的愿景与行动》①。作为我国重要的中长期发展倡议，可以有效地拓宽我国的发展空间，增进我国与周边国家的合作，为我国经济转型赢得更好的外部条件，深度融入世界经济体系。实施"一带一路"倡议有利于深化对外开放构建合作竞争的新优势，也有利于推进内部转型转轨实现经济发展的新突破，从而更好地统筹国内国际两个市场，利用国际市场和资源，解决"瓶颈"制约，扩大发展空间，实现我国经济社会持续高效优质发展。"一带一路"建设为我国企业集团开展国际化经营，主动适应经济全球化新形势，积极参与国际竞争和全球资源配置，提供了重要的历史机遇。一些企业集团近年来国际化经营取得明显成效，加快全球市场布局的步伐，境外经济实力不断增强。尤以中央企业最为突出，截至 2014 年底，共有 107 家中央企业在境外设立了 8515 家分支机构，分布在全球 150 多个国家和地区。"十二五"时期以来，中央企业境外资产总额从 2.7 万亿元增加到 4.9 万亿元，年均增长 16.4%；营业收入从 2.9 万亿元增加到 4.6 万亿元，年均增长 12.2%。②中央企业在"走出去"中已经成为名副其实的国家队和主力军。

随着企业境外投资的不断增长，对企业传统的经营模式和对企业融资方式也提出了新的要求，对资金的需求数量越来越大。一方面，产业资本集团在"走出去"的过程中必然有与"一带一路"沿线国家和地区的金融业机构合作的需求；另一方面，我国的金融业机构在伴随产业机构"走出去"的过程中，金融业机构也要为"走出去"布局，必然会有跟当地的产业资本机构及金融业机构合作的需求。因此，作为与企业集团的资源配置方式、经营模式息息相关的产融结合，可以在企业集团对外经营中发挥更大的作用。一些已经成功积累了产融结合经验的企业集团或者准备实施产融结合战略的企业集团在"一带一路"建设中可以实施产融结合的"走出去"。因此，"一带一路"建设对我国构建产融结合实现机制提出了新要求。

---

① 《推动共建丝绸之路经济带和 21 世纪海上丝绸之路的愿景与行动》发布 [NB/OL]. 新华网，2015 - 06 - 08，http：//news. xinhuanet. com/gangao/2015 - 06/08/c_127890670. htm.

② 国资委发布央企"一带一路"路线图已在境外设立 8515 家分支机构 [NB/OL]. 新华网，2015 - 07 - 14，http：//news. xinhuanet. com/fortune/2015 - 07/14/c_1115923647. htm.

3. 金融体制改革不断深化的新要求

金融体制的改革与发展，已经成为推动我国经济高效、公平、可持续发展的重要路径。改革开放以来，经过 40 余年的金融体制改革，我国已经初步建立起与市场经济发展相适应的金融体系框架，形成了多样化的金融机构、多层次的资本市场体系和多元化的融资体系，为产融结合的实现奠定了坚实基础。我国金融体制的改革已经基本上解决了经济金融发展中的一些基础性、功能性问题，但我国金融市场在空间分布结构、规模结构、功能结构以及治理结构上还存在严重的不平衡，金融体系尚存在诸多问题。为此，党的十八届三中全会明确提出要"完善金融市场体系"。这次金融改革框架不再是以"机构改革"为核心，而是以"市场建设"为核心，主要强调健全多层次的资本市场体系，提高直接融资比重。① 产融结合的实现与金融市场的空间分布结构、规模结构、功能结构和治理结构紧密相关，关涉融资方式和资源的优化配置。因而，金融体制改革不断深化对构建产融结合实现机制带来了新机遇、提出了新要求。

4.3 中国产融结合实现态势和困境的要求

4.3.1 中国产融结合实现态势

我国产融结合实现态势的要求主要从我国央企产融结合实现态势、地方国企产融结合实现态势、民营企业集团产融结合实现态势和互联网企业集团产融结合实现态势四个方面展开研究。

1. 我国央企产融结合实现态势

我国的央企中绝大多数企业集团已经或者正在大举实施产融结合战

---

① 范从来，胡育蓉. 供给资产：中国金融体制改革与发展的新主线［J］. 中国高校社会科学，2015（4）：130－139.

略。较早实现产融结合的典型代表有招商局集团和中信集团。招商局集团的传统主业是交通（港口、公路、能源运输及物流、修船及海洋工程）和地产（园区开发与房地产），在交通和地产等主业外，先后控股成立了招商证券、招商银行、招商局保险、招商中国基金（香港上市）。招商局集团的金融业务现在已经涵盖了银行业、证券业、保险业、基金和资产管理业四大领域，形成了集多种金融行业，具有招商局自身特色、门类齐全、层次分明的集团化金融体系。金融业务已经发展成为招商局集团的三大核心产业之一，产融结合战略也被招商局集团作为创新转型的"三产一科创"（产融结合、产城联动、产网融合和科技创新）的重要抓手[①]。中信集团的传统主业是资源能源业、制造业、工程承包业、房地产及基础设施等产业，在这些传统主业之外，近年来逐步形成了由中信实业银行、中信嘉华银行、中信证券、中信信托、中信基金、中信期货、信诚人寿、中信资产管理、中信财务公司等金融业机构组成的中信系金融业集团，几乎取得了金融行业的全牌照[②]。

近年来，中粮集团、华润集团、中石油、国家电网、中航工业集团等国有大型央企集团先后实现了不同程度的产融结合。

中粮集团于 2009 年提出了建设"全产业链"战略，截至 2020 年，公司产业链已经覆盖了从田间到餐桌的各个环节，从农产品原料到最终食品销售的全部步骤——种植、收割、仓储、贸易、养殖、屠宰、加工和销售，将各个环节有效地组织在一起，已经建设成为以粮油食品为主营业务，兼营酒店、地产、金融等其他业务的综合性多元化集团公司。中粮集团把金融业和农业嫁接，创造性地为农业发展提供金融服务，投资成立了中粮信托、中粮期货、中英人寿、中怡保险、中怡保险经纪、龙江银行等，拥有银行、信托、期货、保险、风险咨询与管理等金融业牌照[③]。

华润集团向来专注在实业领域精耕细作，在零售、啤酒、电力、地

---

① 笔者根据招商局官网关于集团简介资料整理，招商局集团网址：http：//www.cmhk.com/main/a/2015/k07/a199_201.shtml.

② 笔者根据中信集团官网关于集团简介资料整理，中信集团网址：http：//cht.citic/trc/group.citic/wps/portal.

③ 笔者根据中粮集团官网关于集团简介资料整理，中粮集团网址：http：//www.cofco.com/cn/index.html.

产、燃气、医药已经建立起行业领先地位。近年来金融业务迅速发展，拥有华润银行、华润信托、华润资产及汉威资本，并战略持有国信证券、鹏华基金、华泰保险等国内金融机构，与台湾元大共同设立华润元大基金。华润金融基于华润集团多元化的产业基础，通过产融结合、融融结合的商业模式，致力于成为中国独具特色及领先的综合金融服务平台，业务涉及银行、信托、基金等领域①。

中石油集团是以油气业务、工程技术服务、石油工程建设、石油装备制造、新能源开发等为主营业务的综合性国际能源公司。经过二十余年的发展，目前已经基本取得了大多数的金融行业牌照。1995 年组建了自己的财务公司——中油财务；2002 年 1 月，中石油与意大利忠利保险公司组建了国内首家中外合资的中意人寿保险公司；2007 年，组建合资财险公司，相继参股中银国际证券，位列第二大股东；2009 年 3 月，中石油以现金方式独家认购克拉玛依市商业银行新发行的股份，中石油占股 92.01%；同年 7 月，中油资产管理公司收购宁波金港信托，控股 82%，后更名昆仑信托；2010 年 2 月 2 日，由中石油集团和重庆机电共同发起设立第一家具有大型企业集团背景的金融租赁公司，注册资本为人民币 60 亿元，在全国同行业排名第二位，中石油集团出资 54 亿元，占股 90%；2012 年，中石油集团获批成立国内第一家自保公司；2016 年 12 月 16 日，中国石油集团资本有限责任公司（以下简称中油资本）正式成立，为整合集团公司金融业务，充分发挥产融结合优势，中油资本成为集团公司金融业务管理的专业化公司。②

国家电网公司是全球最大的公用事业企业，公司以建设运营电网为核心业务。2006 年 9 月，入主英大证券，后又控股长安保险经纪公司，参与组建华夏银行，接手英大信托，参股湘财证券，发起成立期货经纪公司和保险代理公司；又先后拥有了广发、华夏两家全国性股份制商业银行的股权。于 2010 年 12 月 20 日成立国网英大国际集团，下辖中国电力财务有限公司、英大泰和财产保险股份有限公司、英大泰和人寿保险股份有限公司、

---

① 笔者根据华润集团官网关于集团简介资料整理，华润集团网址：http://www.crc.com.cn/index.htm.
② 笔者根据中石油集团官网关于集团简介资料整理，中石油集团网址：http://www.cnpc.com.cn/cnpc/index.shtml.

英大国际信托有限责任公司、英大证券有限责任公司、英大长安保险经纪有限公司等企业，业务范围涵盖银行、保险、证券、资产管理等四大板块[①]。

中航工业依托中航资本这个金融运营平台，致力于构建"全牌照"金融业务布局，打造一流金融控股公司。旗下拥有证券公司、财务公司、租赁公司、信托公司、期货公司、产业基金管理公司和保险公司。同时，将通过收购和参股的方式涉足银行业、寿险业。中航工业企业集团也几乎取得了金融行业的全牌照[②]。

截至 2011 年，国资委管理的 117 家央企中有 81 家实现了不同程度的产融结合（典型央企所涉金融领域见表 4 - 1），其广度和渗透率如图 4 - 5、图 4 - 6 所示[③]。由于重组合并，截至 2016 年 8 月，国资委管理的央企数量为 102 个[④]；2021 年 6 月 24 日，国务院国资委网站公布了最新的中央企业名录，央企数量又减少至 96 家[⑤]。

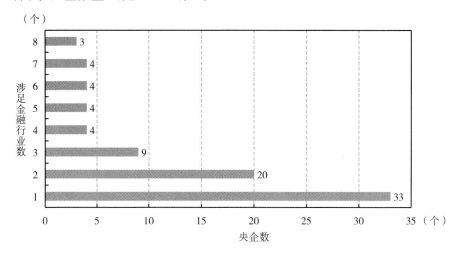

图 4 - 5　央企产融结合广度——按涉足金融业种类数

---

①　笔者根据国家电网集团官网关于集团简介资料整理，国家电网集团网址：http：//www. sgcc. com. cn/.

②　笔者根据中航资本集团官网关于集团简介资料整理，中航资本集团网址：http：//www. aviccapital. com/.

③　赵昌文，朱鸿鸣. 央企产融结合技术分析 [J]. 上海国资，2013（1）：35 - 37.

④　源于国资委网站 2016 年 8 月 3 日发布的央企名录，详见网页 http：//www. sasac. gov. cn/n86114/n86137/index. html.

⑤　源于中华人民共和国国务院国有资产监督管理委员会网站 2021 年 6 月 24 日发布的央企名录，详见网页 http：//www. sasac. gov. cn/n2588035/n2641579/n2641645/index. html.

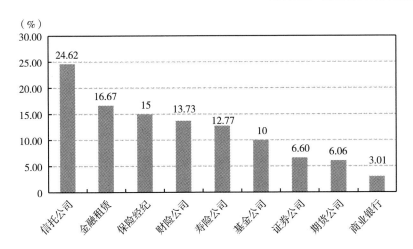

图 4 - 6　中央企业产融结合渗透率

表 4 - 1　　　　　中国大型央企控股或参股金融机构不完全统计表

企业集团	主要业务	金融领域业务
中石油	石油	昆仑银行、中银国际证券、银河基金、中意人寿、中意财险、昆仑信托、中油财务、中油资产管理、昆仑租赁
国家电网	电力	华夏银行、英大证券、西部证券、英大人寿、英大财险、英大信托、中国电财、中穗期货、长安保险经纪、国网资产
宝钢集团	钢铁	建设银行、华泰财险、新华人寿、太平洋、华宝信托、宝钢财务、华宝兴业、法兴华宝汽车租赁
中航工业	航空工业	江南证券、江南信托、江南期货、裕丰基金、财务公司、中航投资、中航工业租赁、中航工业期货
中粮集团	粮油食品	兴业银行、招商证券、中英人寿、中粮信托、中粮财务、金瑞期货、中粮期货经纪、中怡保险经纪
华润集团	燃气、啤酒、零售	华润银行、华润信托、汉威资本、国信证券、鹏华基金、华泰保险、华润元大基金
招商局集团	交通、地产	招商证券、招商银行、招商局保险、招商中国基金（香港上市）
中信集团	能源、制造工程	中信实业银行、中信嘉华银行、中信证券、中信信托、中信基金、中信期货、信诚人寿、中信资产管理、中信财务公司

资料来源：由笔者根据相关资料整理。

2. 我国地方国企产融结合实现态势

近年来，由地方政府推动建立的地方产融结合型企业集团也纷纷成立。地方产融结合型企业集团主要由地方国资委整合地方资源组成。多数地方的省属国有企业已经在稳步进行中，一部分市属国有企业也在谋划布局中。目前尤其在国有企业改革进展速度较快的江苏、浙江、广东、山东、四川等地都已经实现或者正在实施产融结合。业界通常把这类产融结合型组织称为地方金控，即以地方国资委整合地方资源成立的产融结合型组织，如上海国际集团、天津泰达控股、山西金控、广州金控等。这类金控公司借助地方政府力量，通过证券化形成上市金融控股集团后，可以直接控制地方核心金融企业，掌握齐全的金融牌照。地方政府是建立金控平台的主要推手，地方金控大多为地方国有独资或控股企业（见表4-2）。

表4-2　　　　　　　中国地方国企控股或者参股金融机构不完全统计

省份	企业集团	主营业务	金融业务领域
山东	鲁信集团	创投、基建、文化	中泰证券、泰山财险、金鼎租赁、鲁信创投
广东	越秀集团	百货	广州证券、越秀租赁、越秀小贷
山西	国信集团	文旅、地产、商贸	山西证券、国信信托、晋商银行、中煤保险、产权、再担保、互联网金融
上海	国际集团	投资、信托	国泰君安、浦发银行、上海农商银行、上海国际信托、大众保险、华安基金
浙江	国贸集团	商贸、医药	中韩人寿、金汇信托、国金租赁、大地期货
四川	发展集团	矿业、基础设施	凉山州商业银行、四川希望银行、川财证券、四川发展融资租赁
天津	泰达集团	房地产	渤海银行、渤海证券、渤海财险、恒安人寿、天津信托、泰达租赁

资料来源：由笔者根据相关资料整理。

3. 我国民营企业集团产融结合实现态势

我国的民营企业集团有的已经实现或者有的正在大举实施产融结合战略。较早实现产融结合战略的海尔集团控股了青岛商业银行、长江证券，并合资成立了海尔纽约人寿，也已经取得了大多数的金融行业牌照。我国最大的汽车零部件企业万向集团迄今也取得了银行、保险等除证券牌照以外的所有金融业牌照。复星集团在医药、钢铁、地产主业外也取得了证券、保险、银行等金融业牌照，其产融结合战略已经走出了国门。复星集团控股了德邦证券，收购了德国私人银行 H&A，还有超过总资产 1/3 的保险业务，包括投资葡萄牙最大的保险集团 Fidelidade、永安财险、复星保德信人寿、鼎睿再保险、Ironshore 及 Meadowbrook，涵盖财险、意外险、寿险、再保险、特种险及综合保险等①，初步形成了海尔系、万向系、复星系、泛海控股等产融结合型民营企业集团（见表 4-3）。

表 4-3　　　　　　中国大型民企控股或参股金融机构不完全统计表

企业集团	主营业务	金融业务领域
海尔集团	电器	青岛银行、长江证券、海尔纽约人寿、海尔财务、海尔保险代理
新希望	饲料、房地产	民生银行、民生人寿、联华信托、新希望财务、金鹰基金
万向集团	汽车配件	浙商银行、天和证券、民生人寿、浙江工商信托、万向财务、博鸿投资顾问
四川宏达	冶金化工	德阳商业银行、富滇银行、和兴证券、四川信托、中期期货
复星集团	医药、钢铁	德邦证券、德国私人银行 H&A、永安财险、复星保德信人寿、鼎睿再保险等
泛海集团	房地产、基建	民生证券、民生信托、亚太财产保险、民生期货、民生典当、民生保险经纪、中国民生银行、广西北部湾银行
雅戈尔	纺织、服装	中信证券股份有限公司、天一证券、宁波市商业银行、浙商财产保险股份有限
苏宁控股	商业零售	投资理财、保险、基金、众筹、消费贷款
大连万达	房地产	网络金融、投资、保险

资料来源：由笔者根据相关资料整理。

4. 我国互联网企业集团产融结合实现态势

近年来，产融结合在新兴高科技互联网企业发展迅速，尤其以阿里、京东、腾讯、百度等互联网企业巨头为代表。

阿里、京东、腾讯等互联网企业巨头先后建立起规模庞大的金融部门，支付宝、京东白条、财付通等金融产品和金融服务逐渐成为其重要的

---

① 各公司的产融结合状况由笔者根据相关资料整理得来。

业务支柱与利润来源。目前，阿里集团形成了以"蚂蚁金服"为主，以支付宝为核心，涵盖支付、证券、保险、信托、贷款、众筹、征信、银行、基金等金融领域，基本完成了全金融牌照的布局。腾讯集团的金融业务主要有支付、贷款、理财、保险、证券、银行、征信、基金、众筹等9个方面，也几乎取得了所有的金融牌照。京东集团取得了支付、贷款、理财、保险、证券、征信、众筹等7大领域的金融牌照。京东集团较之于阿里、腾讯集团，主要就是少了银行业务。但据相关资料显示，京东正在就银行业务，积极与中信银行磋商合作事宜。百度集团也以较快的速度完成金融业务领域的布局，取得了支付、贷款、理财、保险、银行、征信、基金等多个行业的金融牌照，形成了完善的金融部门（见表4-4）。[①]

表4-4　　　　　　中国四大互联网企业集团所涉金融业务领域

企业集团	主营业务	金融领域业务
阿里	互联网	支付、证券、保险、信托、贷款、众筹、征信、银行、基金
腾讯	互联网	支付、贷款、理财、保险、证券、银行、征信、基金、众筹
京东	互联网	支付、贷款、理财、保险、证券、征信、众筹
百度	互联网	支付、贷款、理财、保险、银行、征信、基金

资料来源：由笔者根据相关资料整理。

4.3.2　我国产融结合实现的困境

1. 政策缺失困境

在我国产融结合的实践中既有由产到融，也有由融到产，呈现出双向互动的格局。产融结合的对外关系既有中资产业资本与外资金融业资本的融合，如由中国海尔集团与美国纽约人寿保险联手成立的海尔纽约人寿保险公司，北京首创集团与荷兰国际集团（ING）在香港共同发起成立了ING北京投资基金，ING集团旗下的荷兰保险公司和北京首创集团共同宣布成立首创安泰人寿保险有限公司；还有中资产融结合企业资本与外资产

---

① 中国电子商务研究中心. 银行业大地震：四大金融帝国终于出手了！[NB/OL]. http：//b2b. toocle. com/detail--6323264. html.

业资本的融合，如上汽财务公司与美国通用汽车金融服务公司的合资，成为我国第一家合资汽车金融服务公司；还有中资金融业资本与外资或境外产业资本的融合，如中银香港、工商东亚等机构的大股东中就有外资产业资本的身影；中资产融结合企业资本与外资产融结合资本的再融合，等等，已经呈现出较为复杂的态势。

在政府层面，虽然有国资委领导明确表示支持具备条件的企业探索产融结合，首次肯定了央企进行产融结合，但截至目前，我国还没有明确的国家层面产融结合政策出台。因此，当前我国产融结合实现存在政策缺失、发展方向不明的困境。

2. 法律法规不足的困境

20 世纪 90 年代以来，我国陆续出台了一系列相应的法律法规，在一定程度上规范了产融结合的实现过程。1994 年 7 月，中国人民银行颁布了《关于向金融机构投资入股的暂行规定》；1995 年 5 月颁布了《商业银行法》；1999 年 3 月中国证监会发布了《关于进一步加强证券公司监管的若干意见》的通知；1999 年 7 月我国颁布了《证券法》，等等。后来又陆续颁布了《证券公司管理办法》《保险法》《保险管理暂行规定》《证券投资基金管理暂行办法》等。

但这些法律法规时至今日已经明显跟不上产融结合实现进程中复杂态势的要求了，这是因为监管层处理这个问题存在法律空白[1]。

"宝万之争"暴露出我国产融结合实现中还存在着法律法规盲点、模糊地带和空白地带。国内外产融结合发展的经验告诉我们，必须制定较为完备的法律法规体系，保障产融结合实现的正常秩序。没有完备的法律法规体系，产融结合的正常秩序就难以维持，产融结合也就无法实现。

3. 监管困境

从目前我国产融结合实现的监管格局来看，最简单的概括就是"混业

---

① 刘姝威. 万科股权之争核心是宝能举牌合规性问题［NB/OL］. 搜狐网，http://mt. sohu. com/20160710/n458600804. shtml.

经营，分业监管"。金融央企由财政部主管，实业央企由国资委主管，实业地方国企由地方国资委主管，其他民营实体企业由工商部门主管，央行、银保监会、证监会，即"一行两会"实行分业监管。因此，在产融结合运行的实际监管运作中必然会出现多头监管和监管真空的局面。由于多头监管的存在，主管部门及其相关监管部门之间的管理边界难以清晰划定，难免会出现协调矛盾。所以，我国产融结合实现中目前面临着监管真空和监管重叠的困境。

4. 人才困境

产融结合的实现对人才提出了较高要求。产融结合实现需要大量的高级复合型专业人才。首先，这种复合型专业人才要熟悉产业资本的运行规律，对相关实体产业的规律要有深刻的认识，熟悉其经营模式和发展前景；其次，产融结合型人才还要熟悉金融和财务领域，金融行业知识密度大、技术性强，需要长期的经验积累。只有既熟悉产业资本的运行规律，又熟悉金融业资本的运行规律，才能将产业资本投放于安全、高效的行业，有效地规避金融风险，把金融业资本与产业资本的运行规律有效结合起来。

而实际工作中，从目前来看，一方面我国实体行业中金融财务类专业人才储备不足，导致产融结合型企业缺乏对金融风险的必要认识和防范，面临着较大的经营管理风险。另一方面金融业机构的金融业方面的专业人才对相关产业的业务知识、产业运行规律、发展前景不熟悉。因此，当前我国产融结合实现中面临着高级复合型人才匮乏的困境。

综上所述，随着经济全球化的扩展和经济金融化程度的日益加深，当代资本主义已经发展到国际金融垄断资本主义阶段。随着互联网计算机信息技术的发展，世界经济步入数字经济时代。我国经济发展步入新常态新阶段。国际和国内经济发展的新阶段和新形势，要求企业必须善于利用国际国内两个市场，必须善于发挥产业资本和金融业资本的协同作用，走产融结合之路，实现产融结合。国际和国内经济发展的新阶段与新形势，成为我国构建产融结合实现机制的外在必然要求。

第5章

产融结合实现机制的
一个分析框架

本章主要从产融结合实现机制的内涵、特征、基础、条件、路径和模式几个方面构建产融结合实现机制的分析框架。

5.1 产融结合实现机制

5.1.1 产融结合的含义

20 世纪 80 年代末期以来，产融结合作为一种重要的经济现象在我国出现，引起了学术界的广泛关注。由于产融结合实现机制是本书着力研究的对象，准确界定产融结合是本书研究产融结合实现机制的基础。本章将在充分回顾已有代表性观点的基础上，结合产融结合的新发展，对产融结合的概念作出全面、系统、严格的界定。学术界对产融结合概念界定的主要的代表性观点有以下几种。

1. 产业结合说

产业结合说主要以曹凤岐为代表，他是较早论述产融结合定义的学者。曹凤岐认为产融结合是指产业和金融业在商品经济中的内在结合或融合。产融结合包括两层内容：第一层是指在双方共同参与的经济活动中，互通信息，协调配合，共同促进产业和金融的发展；第二层是指产业资本和金融资本相互渗透与融合，一般通过相互持股或通过控股来实现，并通过资本的融合使双方在经济活动中有机地结合在一起。这种结合使第一层次的结合在组织上得到保证[①]（曹凤岐，1989）。曹凤岐从产业和资本两个方面定义产融结合，实质上涉及学术界对产融结合的广义和狭义两种理解。第一个方面从产业和金融业的融合，一般指的是广义的产融结合；第二个方面从产业资本和金融业资本通过股权联结有机融合成为一个组织，指的是狭义上的产融结合。但从他的主要研究内容来看，其对产融结合的定义还主要基于广义层面，基于狭义层面的探讨较少。

2. 储蓄投资转化说

储蓄投资转化说的主要代表是李扬等。他们认为产融结合是储蓄向投资的转化，即金融与产业的结合，通过全部的金融过程实现。产融结合的内容包括企业的资本结构、治理结构以及金融组织结构和融资方式[②]（李扬等，1997）。该观点把银行向企业发放贷款、企业发行股票筹集资金等都看作是产融结合。这种观点主要基于金融经济学的视角，把产融结合作为一种金融资源的配置方式和金融与产业的连接方式来研究，强调金融机制在储蓄—投资转化过程中的作用，把金融储蓄向产业投资转化的一切资本连接方式和手段都视为产融结合的实现途径。这种观点属于广义层面的产融结合。

3. 部门结合说

部门结合说主要以谢杭生等为代表。该观点把产融结合看作是资本加速集中的方式，认为产融结合是指产业部门和金融业部门之间资本相互结合的关系。这种关系在不同的历史时期或不同的市场条件下有着不同的结合方式。经典意义上的产融结合特指在生产高度集中的基础上，两部门通

---

① 曹凤岐. 走产融结合的新路 [J]. 农村金融研究，1989（5）：48-50.
② 李扬，王国刚，王军，房汉廷. 产融结合：发达国家的历史和对我国的启示 [J]. 财贸经济，1997（9）：3-10.

过股权参与以及由此而产生的人事结合等方式所形成的资本直接融合的关系[①]（谢杭生，2000）。该观点特别强调了产融结合的基础——生产高度集中，但还是着眼于产业部门和金融部门之间的结合，其主要着眼点还是基于广义层面研究产融结合。

4. 资本职能结合说

资本职能结合说以黄明为代表。他认为产融结合的一般含义是指资本在一定制度结构中的某种职能的结合，这里的职能既包括经济职能，如促进商品流通、优化资源配置、调整产业结构、提高资本形成等；还包括政治职能，如摆脱贫困、抵抗外来冲击、实现赶超战略等[②]（黄明，2000）。我们认为这种观点基于资本视角研究产融结合，试图从本质层面探究产融结合，强调了资本的功能，但其研究落脚于银行与企业之间的关系，因而其对产融结合更多是作了广泛意义上的阐释。

5. 商业模式说

商业模式说以赵昌文等为代表。他们认为产融结合是指产业投资金融或金融投资产业这样一种商业模式和经济现象[③]（赵昌文等，2012）。他们认为产融结合的形成，必须满足要有股权关系和人事联系这两个条件。第一，要有股权关系，而且股权关系是比较重要的股权关系，如5%以上；第二，要有人事关系。[④] 赵昌文从较为微观的视角出发把产融结合视为一种企业运营的商业模式，抓住了产融结合联接的两个关键，应当说属于狭义层面的定义。

从上述对产融结合的定义来看，大而言之可以分为广义和狭义的阐释，广义上可以视为"产"与"融"的流动性交换，即"产"作为支持企业发展的内生动力，将所有权、收益权、使用权等让渡给"融"，起到

---

① 谢杭生，产融结合研究［M］. 北京：中国金融出版社，2000：1.
② 黄明，现代产融结合新论：中国银企协调改革的模式选择［M］. 北京：中国经济出版社，2000：31.
③ 赵昌文，朱鸿鸣. 产融结合是陷阱还是鲜花？［J］. 上海国资，2012（12）：24 - 26.
④ 赵昌文. 大企业的产融结合：怎么看？怎么办？［R］. 第十届中国企业发展高层论坛.

推动企业快速发展的"催化剂"作用。狭义上，将金融业资本与产业资本结合，以股权为链接促使双方经济实力提升，实现规模经济。前四种理解属于广义层面，最后一种属于狭义层面。从研究视角来看，第一、第二种侧重于从产业层面研究产融结合，第三种侧重于从组织层面，第四种侧重于从资本层面，第五种侧重于从企业经营运作层面。应当说，产融结合是一个跟产业、组织、资本都有紧密关系的经济现象。从研究的历程来看，经历了从广义到狭义的理解；从研究视角看，经历了从宏观到微观；从产融的关系来看，经历了从债权关系到股权关系，逐步把重心集中于股权关系、人事关系、经营关系等。

从字面含义来看，"产"指工商产业等实体行业或者产业资本；"融"指金融行业或者金融业资本；"结合"指两个或者更多要素的汇合，凝结在一起，合成一体，组成整体。换言之，"结合"就是不同要素（系统）向同一方向共同演进而形成一个新要素（或系统）的过程。如果仅从产业层面、资本层面或者组织层面中某一方面的结合来理解产融结合当属于广义层面的产融结合。实践中广义层面的产融结合主要是指"银企合作"或"产融合作"，即产业集团或企业的日常运营，离不开存款贷款、结算、中间业务等，即以普通的债权为基础的各种银行业务关系。银企之间经过日常业务形成合作关系，进而结成长期、稳定、全面的战略伙伴关系。

"结合"是指产业系统（机构）和金融业系统（机构）向同一个方向共同演进形成一个由产业和金融业融合的新系统（机构）。从实践来看，既有产业组织向金融业组织的演进，由产业组织投资兴办金融业组织，即由"产"到"金"（见图 5 - 1），例如，美国的洛克菲勒财团是从工业资本发展为金融资本集团的典型，我国的招商局集团的产融结合实现可视作由产到金的代表①；也有金融业组织向产业组织演进，由金融业组织投资兴办实体产业机构，即由金到产（见图 5 - 2），例如，美国的摩根财团就是从银行业资本发展为金融资本集团的典型。摩根财团发家于 19 世纪 60 年代创办的摩根票据承兑行，后来在摩根承兑行的基础上发展成为美国最大的银行，成为美国最大的银行后便开始创办或进入美国钢铁公司和美国

---

① 李晓鹏. 全面深化产融结合 [J]. 中国金融，2016（2）：14.

通用电气公司这样一些大型工业企业，成为当时最大的金融资本集团；我国的中国民生投资股份有限公司，简称为中民投，于 2014 年 8 月 21 日在上海揭牌，公司定位于产融集团①，应该算是由金到产的代表；再如上海国际集团等地方国资委成立的金融控股集团。还有第三种方式，由金融业组织和产业组织共同投资兴办实体企业或者金融企业（见图 5 – 3）。例如，我国的民生银行股份公司，是由新希望集团、东方集团等民营产业集团与中国人寿股份公司联合发起设立的全国性商业银行，可以看作是由产业组织和金融业组织共同投资设立的金融企业。

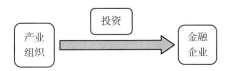

图 5 – 1　产业组织投资设立金融企业

图 5 – 2　金融组织投资设立产业企业

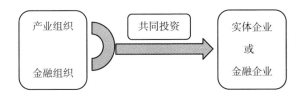

图 5 – 3　产业组织和金融组织共同投资设立实体企业或金融企业

　　本书认为，一方面要深入全面把握产融结合的内涵；另一方面随着经济发展和产业结构的演化，要拓展产融结合的外延。产融结合包括四个层面的含义。

　　第一，资本层面的结合。资本层面的结合是产融结合的本质层面。资本的运动表现为无休止的周而复始循环和扩大循环。资本在循环往复的运

————————————
①　徐以升. 董文标: 对! 中民投就是产融集团 [N]. 第一财经日报, 2014 – 08 – 22.

动中不断增值和集中，产业资本和金融业资本先是各自不断增值，在增值的基础上逐步集中，在集中的基础上形成垄断性的产业资本集团和金融业资本集团。起初，金融业资本集团主要是银行业资本集团的一部分资本逐步固定在产业资本集团充当固定资本，金融业资本集团和产业资本集团逐步融合在一起；后来，也出现了产业资本集团资本的溢出，抽出一部分资本投资设立金融业组织。然后，又出现了产业资本集团和金融业资本集团资本的共同溢出，共同抽出一部分资本互相结合，设立金融业组织或者产业组织。在垄断的基础上产业资本和金融业资本逐步融合在一起。资本层面的结合是产融结合的基础，广义的产融结合把产业组织和金融业组织间普通的债权债务关系也视为产融结合，而狭义的产融结合在实践中主要表现为股权关系。

第二，组织层面的结合。组织层面的结合是资本层面结合的结果和组织保证，即由产业组织单独投资新设立一个金融企业组织或者由金融业组织投资新设立一个非金融业组织，或者由产业组织和金融业组织投资共同新设立一个金融企业组织或者非金融企业组织。没有组织层面的结合不算是产融结合。组织层面的结合与工商企业本身的资本结构和治理结构、金融业组织的治理结构和资产结构的安排紧密相关，在产融结合实践中主要表现为新组织生成基础上的经营结合、人事结合、信息沟通、业务咨询等。

第三，产业层面的结合。产业层面的结合跟学术界对产融结合广义层面的理解较为接近，即金融业和工商业等产业的结合。产业层面的结合主要表现为金融业和工商业等之间的产业协同关系。从产业的实质来看，金融业的核心资产主要是金融资产；工商产业主要是由实物资产构成。金融产业和工商产业的资产内容与结构比例存在较大差异，金融资产具有虚拟性、流动性、可交易性强的特点，转化成实物资产较为便利；同时，工商产业的资产构成中，实物资产的比例也会逐步下降。这样，金融产业与工商产业为了发挥各自的比较优势，在实践中主要表现为协同作用，协同作用主要通过协同效应体现出来。

第四，要全面理解产融结合。随着经济不断发展、产业结构的变迁，以服务业为代表的第三产业在总体经济中所占比重逐步超越以工业为代表的第二产业，产融结合的产业资本也要做扩大解释，可以解释为包括农业、制造业、交通运输业、工业服务业、新兴产业等除金融业以外的其他产业资本。金融业资本也不能仅仅指银行业资本，还包括证券业、保险业、信托业、期货业、租赁业、基金业等以货币金融为运作对象的整个金融业①。

5.1.2 实现机制的内涵

1. 实现的内涵

实现，现代汉语词典解释为"使成为事实"②。一般意义上是指事件或状态的发生。学术界通常用来指通过一定的路径和机制，采用特定的保障手段，使某种理念、愿望、理想、策略和战略付诸实施，成为现实。

2. 机制及其相关概念

（1）机制的内涵。机制原本是机械学用来指机器的构造和动作原理，后来，其他学科先后通过类比借用此词。生物学和医学借用机制指机体的构造、功能和相互关系，以及期间发生的各种变化过程的物理、化学性质和相互联系，如动脉硬化的机制。物理学、化学等学科用机制指某些自然现象的物理、化学规律。经济学、政治学等社会科学常用机制泛指一个工作系统的组织或部分之间相互作用的过程和方式，如价格机制、用人机制、工作机制、激励机制、动力机制和监督机制等。机制越来越被广泛使用，多被用来指事物自身的构成及其运动中的某种由此而彼的必然联系和规律性，往往包含四个要素：一是事物变化的内在原因及其规律，二是外部因素的作用方式，三是外部因素对事物变化的影响，四是事物变化的表现形态③。

---

① 刘传炎对美国20世纪80年代银行资本和产业资本的分化的实证考察也证实了这一点。参见刘传炎. 列宁的金融资本理论与当代美国经济现实［J］. 世界经济，1990（5）：1－8.

② 中国社会科学院语言研究所词典编辑室. 现代汉语词典［M］. 北京：商务印书馆，2006：1238.

③ 辞海［M］. 上海：上海辞书出版社，1989：1408.

（2）机制、制度和体制三者之间的关系。制度、体制与机制三个词语应用都较为广泛，由于都跟规则相关，人们常常难以准确区分。研究机制离不开制度、体制的背景。如中国的经济制度是社会主义经济制度，社会主义经济制度指社会主义生产资料的所有制和社会主义的分配制度。体制常用来指规则系统，如社会主义市场经济体制。机制一般指微观领域的规则。诺斯认为制度是社会的博弈规则，它定义和限制了个人的决策集合；机制表述的则是博弈规则的实施问题①。一般意义而言，机制的设定建立在制度和体制的基础上。

（3）实现机制的内涵。实现机制，在一般意义上指在内部原因的驱动下，通过协调事物内外部因素相互作用，采用特定的保障手段，达成既定的目标，实现某种战略或者策略。从内因驱动到目标达成是一个动态的过程，即整个实现机制就是一个动态的过程，包括了驱动事物内在变化的原因，即动力机制；事物内外部因素相互作用的过程，即运行机制；协调和保障目标达成的过程，即调控机制。其中，动力机制是实现机制的首要环节，运行机制是实现机制的中心环节，调控机制是实现机制的保障环节。三者之间相互作用、相互联系，组成一个完整的过程。

5.1.3 产融结合实现机制的内涵

产融结合在国际国内的经济发展现实中都是一个重要的经济现象。大多认为产融结合是生产力发展的内在要求，是商品经济和社会化大生产发展到一定阶段的产物，是市场经济、企业经营发展到一定程度的必然趋势。产融结合内生于市场经济，而对于一个国家或者地区的政府来说，产融结合是一项经济政策或者经济战略，对于一个企业组织来说，产融结合是一种经营方略或者商业模式②。

产融结合实现机制是指一个国家或者地区的政府通过制定产融结合实现的政策和法律法规，将产融结合战略或者政策实现于符合条件的企业组

---

① 孔伟艳. 制度、体制、机制辨析［J］. 重庆社会科学，2010（2）：96 - 98.
② 赵昌文等认为产融结合是一种商业模式，请参见赵昌文，朱鸿鸣. 产融结合是陷阱还是鲜花?［J］. 上海国资，2012（12）：24 - 26.

织，进而企业组织将产融结合的经营方略运用于其日常经营中，形成产融结合的商业模式。

产融结合实现机制包括三个环节：产融结合的动力机制是首要环节，产融结合的运行机制是中心环节，产融结合的调控机制是保障环节（见图 5 - 4）。产融结合实现机制的三个环节之间相互联系、相互作用，组成了一个系统的整体。

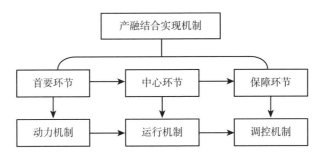

图 5 - 4　产融结合实现机制示意

5.2　产融结合实现机制的特征

5.2.1　产融结合实现机制的系统性

系统的一般含义是指由相互联系和相互作用的若干要素所组成的具有某种特定功能的有机整体。根据系统论的基本原理，构成系统必须具备三个基本要件：一是系统由两个以上的要素构成，单个要素不能构成系统；二是系统具有特定的整体性功能；三是组成系统的各要素之间具有严密的结构性和不可分离的相关性。因此，系统性特征主要包括三个方面：整体性、层次性、动态性。

第一，产融结合是一个完整的系统，构成产融结合实现机制的各个环节组成了一个有机的整体，它们相互关联、相互依存、相互制约。各环节之间通过物质流、信息流、资金流等的相互交换而联结，通过资源与能力的整合而共同实现产融结合功能的最大化、效率的最高化、信息共享的最优化和利益分配的合理化，通过协同完成产融结合实现的目标任务。产融结合实现机制的建立、发展、健全是一个螺旋式上升的过程。第二，产融结合实现机制的各个环节的关联关系在技术层面与经济层面都有层次性，产融结合实现包括资本层面、组织层面和产业层面三个层面结合的实现。第三，产融结合实现的过程是一个周而复始螺旋式上升，逐步演进的过程。其静止是相对的，运动是绝对的，是一个在动态中保持平衡的状态，进而逐步实现资本配置合理、组织协同、产业协调和监管到位的理想状态。整体性、层次性与动态性特征共同构成了产融结合实现机制的系统性特征。

产融结合实现机制，从纵向来看，包括动力机制、运行机制和调控机制；从横向来看，产融结合的实现包括了资本的结合、组织的生成和产业的协同。资本的结合包括产业资本和金融业资本的结合。产业资本包括了第一产业、第二产业和第三产业中除了金融业以外的其他产业。组织既有集团公司内部母公司与子公司之间、子公司与子公司之间，又有公司外部跟监管组织、第三方组织、合作厂商等之间的关系。因而产融结合的实现机制从纵向和横向来看皆具有系统性（见图5-5）。

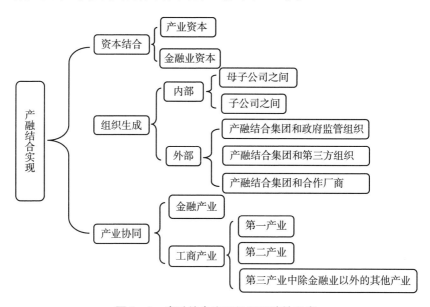

图 5 – 5　产融结合实现机制系统性示意

5.2.2　产融结合实现机制的过程性

产融结合的实现是一个动态的过程。企业组织在成长发展中形成一定的规模后（往往具有一定的垄断性），在追逐更大利润的内在动力和外部政策支持的推力的共同作用下，产业组织和金融业组织通过股权链接，结成产融结合型组织。产融结合型组织通过合理配置产业资本和金融业资本比例，实现组织协同，达成产业协调。产融结合型组织运行中面临各种内外部风险，需要监管和有效的调控机制。因而，产融结合的实现是一个动态的过程，具有过程性。

5.2.3　产融结合实现机制的一般性和特殊性

产融结合实现机制既具有一般性，又具有特殊性。产融结合实现机制的一般性是指产融结合实现构筑于社会化大生产的基础上，是资本社会化和商品经济充分发展的必然产物，内生于市场经济发展的需要。产融结合实现机制的特殊性，指的是产融结合实现机制作为一种经济机制，是建立在特定的经济制度和经济体制的基础上的，产融结合实现机制因为构筑在不同的经济制度、经济体制之上而呈现出特殊性。例如，我国的产融结合实现机制构筑的经济制度基础是以公有制为主体，多种所有制经济共同发展；体制基础是社会主义市场经济体制。因而我国的产融结合实现机制具有不同于资本主义国家产融结合实现机制的特征。

5.2.4　产融结合实现机制的多主体性

产融结合实现主体是指在市场经济活动中能够自主设计行为目标、自由选择行为方式、独立负责行为后果并获得利益的能动的经济有机体。产融结合实现主体是指直接参与产融结合实现并承担相应风险的主体，包括行政组织、行业协会、企业组织等。它们在产融结合实现过程中分别独立地从事多种与产融结合实现相关的经济活动，它们之间通过市场体制、行政体制和行业体制进行连结。从利益的角度来对产融结合实现主体进行划分的话，可以分为政府监管主体、第三方监管主体、产融结合实现的实施主体等。政府监管主体主要包括负责实施监管产融结合实现的政府组织、政府部门所属行业协会等；第三方监管主体主要包括会计师事务所、律师事务所等中介组织；产融结合实现的实施主体主要是进行营利活动、独立核算的企业组织等。

5.3　产融结合实现机制的基础

5.3.1　资本基础

资本的社会化是产融结合实现的资本基础，在资本积累方式、资本占有方式、资本生产方式及资本管理职能等方面体现出社会化特征。随着生产社会化的逐渐发展，部分控制市场的大规模股份公司发展成为私人垄断资本，促使资本社会化进程进一步加快。资本的社会化是生产社会化的必然结果。生产社会化理论是马克思主义经济学理论的一个重要部分。马克思根据资本主义经济发展的历史状况和发展趋势，认为生产的社会化主要表现为生产的集中化和大型化。生产社会化主要包括三个相互联系的方面：一是生产资料使用的社会化，即生产资料从单个人分散使用变为大批人共同使用；二是生产过程的社会化，即生产过程从一系列的个人行动变为一系列的社会行动；三是生产的产品的社会化，即生产出的产品通过交换供应整个社会。马克思认为资本主义生产的社会化与资本主义生产资料私有制不相容。资本主义生产的社会化与资本主义私有制构成了资本主义的基本矛盾。

生产的社会化带来了资本的社会化。首先，资本占有形式社会化。正如马克思所言：那种本身建立在社会生产方式的基础上并以生产资料和劳动力的社会集中为前提的资本，在这里直接取得了社会资本（即那些直接联合起来的个人的资本）的形式，从而与私人资本相对立。这是作为私人财产的资本在资本主义生产方式本身范围内的扬弃。① 其次,资本组织形式社会化。这正如恩格斯指出的:现在的社会经济的发展,愈来愈导致资本积聚,导致生产的社会化,使生产成为不能再由单个资本家来管理的大企业②。

资本主义生产的社会化和资本的社会化的结果导致了资本主义经济的日益集中。资本主义经济集中的结果主要表现为三种类型:第一种一般称为横向一体化,主要是指建立在专业化基础上的集中和垄断;第二种称为纵向一体化,是把一定的社会分工转化为以企业内部分工为特点的集中;第三种称为混合一体化,主要是指跨行业、跨部门的联合和联营。

19 世纪下半期第二次科技革命的发生,标志着人类进入电气时代。由于电器的广泛应用极大地推动了工业化的发展。工业化推动了产业结构逐步由轻工业占主导向重工业占主导转化。新兴的重工业给私人资本既带来了机遇又带来了挑战,重工业部门对资本的体量要求巨大,以规模效益为特征。单个的私人资本依靠资本积聚难以满足发展重工业的要求。因此,工业化过程必然伴随着资本集中和股份公司的普遍发展。股份公司使得资本所有制关系取得了社会化发展的新性质。

19 世纪末 20 世纪初以来,金融资本形成和发展起来并逐步占据经济社会的统治地位。一方面,由于生产力全面社会化,股份公司把分散的单个私人资本集中起来所实现的资本社会化速度,并不能与生产社会化迅速发展的速度相适应;另一方面,股份公司制度为垄断的形成提供了制度基础。因此,金融资本就成为资本主义经济发展的必然产物。

产融结合是社会化大生产条件下资本社会化的自然结果,是市场经济条件下自由竞争向集团垄断竞争发展到一定阶段的必然产物。资本社会化是产融结合实现的资本基础。资本主义条件下资本不仅要垄断生产过程,而且要垄断货币的分配与交换。

5.3.2 制度基础

实践表明,虽然产融结合因为各国的国情、历史文化、制度等的不同

① 资本论(第三卷)[M]. 北京:人民出版社,2004:493.
② 马克思恩格斯全集(第19卷)[M]. 北京:人民出版社,2006:318.

最终形成了不同的产融结合模式，但产融结合作为一种经济机制，产融结合的确立在经济制度和经济体制方面有同有异，经济制度基础的相同点在于以多种所有制经济成分并存（有公有制为主体和以私有制为主体之别）；经济体制基础的共同点是市场经济体制（有资本主义市场经济和社会主义市场经济之分）。

我国产融结合机制构筑的经济制度基础是社会主义基本经济制度。按照党的十九届四中全会的精神，我国社会主义初级阶段所有制结构是指以公有制经济为主体、多种所有制经济形式同时并存的所有制结构，现行的分配制度是以按劳分配为主体、多种分配方式并存的分配制度。我国的公有制经济包括国有经济和集体经济，还包括混合所有制经济中的国有成分和集体成分。我国还有私营经济、个体经济及中外合资企业、中外合作经营企业和外商独资企业等经济成分。这些经济成分虽然不是或不完全是社会主义性质的，但都是我国社会主义市场经济的重要组成部分。我国是以公有制经济为主体，公有资产在社会总资产中不仅在数量上占优势，更主要表现在对国民经济的控制力上，对经济发展起主导作用。社会主义市场经济是指在社会主义公有制基础上，使市场在社会主义国家宏观调控下对资源配置起决定性作用的经济体制。社会主义市场经济具有市场经济的一般属性，如市场机制起基础性作用；市场主体自主经营、自负盈亏；商品的价格由市场竞争形成；政府不直接干预市场主体的生产经营活动；经济运行依据法律规范进行。但我国的社会主义市场经济体制也具有其特殊性的一面，主要表现在我国的社会主义市场经济体制构筑的所有制基础是以公有制为主体、多种所有制经济共同发展的制度；构筑的分配制度是以按劳分配为主体、多种分配方式并存的个人收入分配制度。另外，我国社会主义市场经济在宏观调控上，坚持把人民的当前利益和长远利益、局部利益和整体利益结合起来的原则，主要以间接手段为主，保障国民经济健康运行，弥补市场经济失灵。

西方国家产融结合构筑的经济制度基础是资本主义私有制。西方资本主义经过几百年的发展，已不再是单一的、纯粹的私人资本主义经济，而是私有制占主体的私人资本、法人资本、国有资本组成的资本主义混合经济。混合所有制经济的出现，不仅没有从根本上改变资本主义经济基础的性质，反而使资本主义的经济根基更加牢固，以致出现工业企业的高度集中与融合，特别是金融业资本与工商业企业紧密融合，在主要经济部门中形成了一大批大型企业。这些大型企业往往都离不开国家的支持，最终形成大型的跨国垄断型产融结合企业集团。

西方国家产融结合实现建立的经济体制基础是资本主义市场经济体制，美国经济学家博恩斯坦在他主编的《比较经济制度》一书中把市场经济分为两类：一类是资本主义市场经济；另一类是社会主义市场经济。他认为资本主义市场经济的特征是：（1）生产资料的私人所有制和占有生产资料的私人企业；（2）经济利润作为生产决策的指导力量而居于支配地位；（3）依靠市场与价格配置资源和分配产品。

正是由于构筑的经济制度和经济体制等制度基础的不同，所以就决定了我国的产融结合实现在特征、模式等方面区别于西方国家。

5.3.3　组织基础

现代产业发展有两个基本趋势：一是社会分工日益深化；二是生产规模的大型化。企业经常不断地追求大规模化是其进行竞争的有效手段。扩大生产经营的规模，是现代企业管理部门追求的目标。传统产业组织理论认为大规模生产为企业带来规模经济性，使企业产品单位成本不断下降、市场占有率不断提高，增强企业的竞争力，但其副作用是带来垄断。现代产业组织理论认为竞争和垄断都是市场经济运行的手段，而非目的；经济发展、技术进步和消费者福利最大化才是经济运行的目的。

产融结合实现的组织基础是股份公司。因为股份是产融结合链接的纽带，股份公司是产融结合实现的基本组织形式。只有股份制企业间才能互相购买对方股票，相互持股、参股、控股以融合成一体，进行以资本为对象的产权交易。产融结合型企业应积极建立现代企业制度，实行股份制改造，明晰产权关系。股份公司制基本特征为生产要素的所有权与使用权分离，在保持所有权不变的前提下，把分散的使用权转化为集中的使用权。通过这一路径，能够达到"统一使用、合理经营、自负盈亏、按股分红"的经济组织形式。另外，股份公司制必然要求建立现代企业制度。现代企业制度是以市场经济为基础，以企业法人制度为主体，以公司制度为核心，以"产权清晰、权责明确、政企分开、管理科学"为条件的企业制度。

5.4　产融结合实现的条件

5.4.1　政府的政策支持

稳定与发展经济和资源配置是政府的重要经济职能。而产融结合实现对于培育大型企业集团，协调实体经济和虚拟经济的关系以及优化资源配置，增强一国的国际经济竞争力都有重要的作用。有鉴于此，在产融结合的实现中，政府有激励实施产融结合战略的功能，往往表现为政府的强烈意愿，具体体现为通过制定政策支持企业实现产融结合。

从西方国家的企业集团产融结合实现历程可以看出，政府的政策支持是产融结合实现的重要条件。西方国家产融结合自产生以来，产业资本与金融业资本的结合历经"自由结合—限制结合—放松结合—收紧结合"四个阶段，从自由结合到限制结合，可以看出一国政府政策的支持是该国产融结合实现的重要基础。

较之于西方国家，我国产融结合实现的历程相对较短。我国的产融结合主要是随着大型企业集团的组建和国家金融体制改革而逐步发展起来，国家对产融结合实现的政策支持则带动了企业集团产融结合的快速发展。这些政策主要有：1980 年国务院颁布的《关于推进横向经济联合的暂行规定》，1986 年国务院颁布的《关于进一步推动横向经济联合若干问题的规定》，1987 年国家体改委等颁布的《关于组建和发展企业集团的几点意见》，2000 年中国人民银行颁布的《企业集团财务公司管理办法》等。在初始发展期，我国企业集团的产融结合实现更多地体现了政府深化改革的要求，国家政策的扶持是企业集团实现产融结合的重要基础。相关政策的出台为我国企业集团产融结合实现的发展提供了一个良好的前提条件。

综上，从我国和西方的产融结合实现历程都可以看出，政府的政策支持对于一国产融结合的实现具有重要作用。

5.4.2 符合法律法规

产融结合的实现涉及资本在实体产业和金融业之间的相互转化和结合，必然会受到严格的监控。首先，产融结合实现具有金融特性。产融结合实现的金融特性决定了产融型企业集团面临的首要问题就是防范金融风险和完善金融监管。其次，产融结合实现具有多元化和跨国性。产融型企业集团内部金融企业和工商企业各自的经营风险容易在相互之间进行传播，而且通常情况下产融型企业集团都是跨地区、跨国界经营，所以风险容易在不同地区和国家间进行传递。最后，产融结合型企业集团具有垄断性趋势。产融结合实现能带来规模经济和范围经济的好处之外，同时还容易产生垄断和限制竞争问题。正如美国和日本等国家在 20 世纪 90 年代之前实施产融分离规制，目的就是避免损害公平竞争和造成竞争限制。

在市场经济的发展历史中，对自由竞争与政府干预二者之间关系的反思一直是并存的。对于旨在增强企业竞争力的产融结合理应得到政府的许可和支持。其实，严格的管理与法律法规规制恰恰是最好的、真正的支持。之所以需要强有力的法律法规的约束，是因为产融结合在促进经济增长的同时，亦会加大一国的经济金融风险，造成金融经济和实体经济的严重脱节，甚至引发泡沫经济乃至经济金融危机。因此，必须对产融结合实现给予严格的法律法规的监督约束，而这种约束恰恰是促进产融结合得以实现的最好保障。

我国与产融结合实现紧密相关的法律法规主要有《中华人民共和国公司法》《中华人民共和国金融法》《中华人民共和国反垄断法》等。在企业公司法领域，工商产业与金融业的结合表现为企业吸收合并、资产收购和董事兼任，涉及产融结合实现的组织形态（如企业合并与营业重整）与法人治理、资本转投资限制、关联交易规范、母子公司关系诸方面法律问题。产融结合的组织形式往往表现为企业集团（如金融业集团、全能银行、金融控股公司），这就需要根据选择的组织形式加强企业集团法、金融控股公司法等相关经济组织立法并在立法中完善法律责任体系。

产融结合实现必须要符合法律法规的要求。实际上，我国产融结合相关法律法规的制定已经远远落后于我国产融结合实现的现实要求。这使得我国的产融结合在各方面都有一定的不规范性。因此，我国法律法规的制定应当朝着有利于促进产融结合实现，有利于规范产融结合发展。政府能够并应当为产融结合实现提供法律法规的规范和保护。

前些年，为了改善我国产融结合法律法规滞后于产融结合实现的实际情况，我国陆续制定出台了一系列相应的法律法规。例如，中国人民银行颁布的《关于向金融机构投资入股的暂行规定》，中国证监会印发的《关于进一步加强证券公司监管的若干意见》的通知，以及《商业银行法》《证券法》等。上述相关法律法规的颁布和出台，对工商企业投资金融机构的产融结合做出了相应的法律规定，对金融业资本投资实体企业的产融结合则做出了严格的限制。

5.4.3 适格的产融结合主体

由于社会化大生产的发展，对企业的有限经营规模提出严峻挑战，再加之日趋激烈的市场竞争对企业抵御风险的能力提出挑战，因而企业集团应运而生。企业集团的出现为产融结合实现作了组织上的准备。企业集团是现代企业的高级组织形式。在组织规模上，往往表现为规模巨大、实力雄厚；在经营的空间上，往往表现为跨地区甚至跨国度经营；在经营的方式上跨行业，实行多元化经营；在结构形式上，往往表现为以大企业为核心、诸多外围子企业环绕、多层次的组织结构；在联合的纽带上，往往表现为以经营联系为基础，实行资产联合的高级的、深层的、相对稳定的企业联合组织；在管理体制上，主要实行统一领导和分层管理相结合，各成员企业保持相对独立的地位。企业集团的整体权益主要是通过明确的产权关系和集团内部的契约关系来维系。

产融结合的适格主体需要具有一定规模、拥有较高的市场占有份额、有一定的垄断性，具有成熟的经营模式，拥有行业的关键性技术和良好声誉。在实践中往往表现为有较大的营业额和较高的产值，在产品、市场、管理方面都积累了丰富的行业经验，根基深厚，有良好社会声誉的企业集团。

例如，我国《中国银行业监督管理委员会中资商业银行行政许可事项实施办法》（2006年2月1日起实施）的相关条款中对境内非金融机构作为股份制商业银行、城市商业银行和城市信用社股份公司法人机构发起人应当符合的条件做了以下原则规定：（1）在工商行政管理部门登记注册，具有法人资格；（2）具有良好的公司治理结构或有效的组织管理方式；（3）具有良好的社会声誉、诚信记录和纳税记录，能按期足额偿还金融机构的贷款本金和利息；（4）具有较长的发展期和稳定的经营状况；（5）具有较强的经营管理能力和资金实力；（6）财务状况良好，最近3个会计年度连续盈利；（7）年终分配后，净资产达到全部资产的30%（合并会计报表口径）；（8）除国务院规定的投资公司和控股公司外，权益性投资余额原则上不超过本企业净资产的50%（合并会计报表口径）；（9）入股资金来源真实合法；（10）银监会规定的其他审慎性条件。

同时，我国《中国银行业监督管理委员会中资商业银行行政许可事项实施办法》中还制定了一些否定性条件，有以下情形之一的企业不得作为股份制商业银行法人机构的发起人：（1）公司治理结构与机制存在明显缺陷；（2）关联企业众多、股权关系复杂且不透明、关联交易频繁且异常；（3）核心主业不突出且其经营范围涉及行业过多；（4）现金流量波动受经济景气影响较大；（5）资产负债率、财务杠杆率高于行业平均水平；（6）其他对银行产生重大不利影响的情况。

5.4.4　金融产业和资本市场的发展

金融产业的发展是构建产融结合实现机制的前提条件。产融结合一方面需要建立在坚实的实体产业发展的基础上，另一方面金融产业的发展是产融结合实现机制建立的前提条件。金融产业以货币金融为运作对象，主要包括银行业、财务公司业、证券业、保险业、期货业、信托业、基金业、租赁业等。

金融产业的发展推动资本市场的形成。资本市场主要包括股票市场、债券市场和货币市场等。资本市场的功能不仅体现为聚集社会资金、促进储蓄向投资转化，而且资本市场以市场机制为基础，具有良好的交易机制和提供良好的交易平台，在促进资产的流动性、可交易性及资产的证券化等方面具有重要的作用。资本市场能完善地发挥市场机制的作用，是产融结合重要的市场基础设施。资本市场是在比较广泛且已制度化的交易平台对标准化的金融产品进行交易的公开市场，具有良好的交易机制；资本市场具有既能改变资产流量又能重组存量资产的一种市场调节机制。此外，资产证券化对以资本市场为依托的产融结合机制起深化作用。规范化发展的资本市场能较好地发挥筹资功能、转制功能、资源配置功能、价格发现功能、信息告示功能以及提供风险规避机制等多种功能，是现代市场经济不可或缺的重要组成部分。多样化的金融机构和多层次的资本市场体系，是产融结合发展的基础。

改革开放以来，随着社会主义市场经济体制的逐步确立，我国的融资体系逐步由财政主导型向多元化的现代融资体系发展。我国金融体系的初步建立始于1984年，其标志是以中央银行和四大专业银行为代表的"双层银行体系"的形成。20世纪90年代以来，先后建立起股票市场、债券市场和货币市场等资本市场，多元化的融资体系逐步形成。在金融机构方面，四大国有商业银行均完成了股份制改革并成功上市，商业银行在沪深两市上市的已达38家[①]。商业化的金融机构体系已经具备相当规模，发展了银行、保险、证券、基金、期货、信托、租赁等多元化的金融机构，逐步形成了间接融资和直接融资的"互补式"融资模式。在金融监管方面，"一行三会"（中央银行、银监会、证监会、保监会）的分业监管体制基本建立（2018年机构改革后"一行三会"改为"一行两会"，银监会和保监会合并成为银保监会），监管法律制度逐渐完善并与国际接轨，金融监管的能力和有效性得到了显著提升。目前，我国已经初步建立起与社会主义市场经济发展相适应的金融体系框架。

经过二十余年的发展，我国已经构建起多样化的金融机构体系、多层次的资本市场体系和多元化的融资体系，为产融结合实现机制的建立奠定

---

① 数据截至2021年6月20日沪深两市收市。

了坚实的基础。郑文平、苟文均认为市场机制的健全和资本市场的高效率是
产融结合的充分条件，并认为国内的产融结合发展需要市场的统一及资本市
场的完善①。因此，金融产业的发展是构建产融结合实现机制的前提条件，
健全的多层次的资本市场体系是产融结合实现机制的重要市场基础设施。

5.5 中国产融结合实现机制的路径

综观世界范围内，产融结合实现的路径包括：由产到产融结合、由融
到产融结合和由产融双向互动到产融结合。由产到产融结合主要是指由实
体产业组织投资金融业，生成产融结合型组织。由产到产融结合实质上是
产业资本中的一部分资本外溢到金融业，转变成金融业资本，实现资本功
能的转换。我国是由产到产融结合实现路径的典型代表。由融到产融结合
是指由金融业组织投资实体产业，生成产融结合型组织。由融到产融结合
实质上是金融业资本中的一部分外溢到实体产业，转变成实体产业资本，
实现资本功能的部分转换。由于日本是主银行制度，德国是全能银行制
度，因此，日本和德国是由融到产融结合型路径的代表。由产融双向互动
到产融结合指的是产业资本和金融业资本相互投资生成产融结合型组织，
美国是由产融双向互动到产融结合路径的代表。20 世纪 30 年代大危机以
前，美国是完全的产融双向互动到产融结合；大危机以后，由于《格拉斯
—斯蒂格尔法》的实施，规定银行不得持有工商业机构的股份，美国的产
融双向互动到产融结合路径受到一定限制。

我国产融结合的实现，起初主要是大型央企实体企业和龙头民营实体
企业进入金融业实现产融结合。近年来，地方国有实体企业和部分龙头互
联网企业依靠地域优势或者技术优势进入金融业实现产融结合。所以，总
体来看，我国产融结合的实现主要走的是由产到产融结合的路径。当然，
也有个别现象，例如，我国 2016 年启动的投贷联动试点，投贷联动中就包
含银行业资本进入中小科技型企业，实现银行业资本与中小科技实体产业

---

① 郑文平，苟文均. 中国产融结合机制研究 [J]. 经济研究，2000 (3)：47 – 51.

资本的结合。再比如"宝万之争"背后实质上是保险业资本通过二级市场进入产业资本。又如 1999 年我国为处置四大国有商业银行的不良资产，成立了中国长城资产管理公司、中国信达资产管理公司、中国华融资产管理公司和中国东方资产管理公司，这四大资产管理公司根据各自的战略定位和发展方向，后来都发展成为各具特色的拥有多种金融牌照的资产管理公司。四大资产管理公司实质上走的是由融到产融结合的路径。

马克思主义金融资本理论认为生产是金融的基础，实体产业是金融业的基础，金融业服务于实体产业。金融资本是产业资本和金融业资本在生产集中基础上的融合。产融结合实现的目的是更好地服务实体产业。因此，我国选择产融结合实现的路径应该以马克思主义金融资本理论为指导，借鉴吸收西方国家多年来特别是美国产融结合实现的经验教训，依据我国多年来走出来的由产到产融结合的实现路径的实际情况，坚持走由产到产融结合主导的产融结合实现路径。

5.6　中国产融结合实现机制的模式

产融结合实现的模式主要指产业资本和金融业资本相互结合的实现方式或者样式。产融结合实现的模式常常受到一国国情国力、制度、历史文化以及与经济发展相关的经济体制、资本市场、产业成熟度和企业本身等诸多因素的影响。

从目前相关研究来看，国际范围内的产融结合实现模式分类情况主要有：（1）根据产融结合经济主体在金融交易关系和作用中的不同，黄明把国际范围内的产融结合实现模式归纳为政府主导型、企业主导型、银行主导型和市场主导型四种，并指出影响产融结合模式变迁的因素主要有路径依赖和反路径依赖[①]。（2）王继权把国际范围内产融结合实现模式归纳为四种，即美国的市场主导型、德国的全能银行型、日本的主办银行型和韩

---

① 黄明，现代产融结合新论：中国银企协调改革的模式选择［M］. 北京：中国经济出版社，2000：31.

国的政府主导型①。（3）王吉鹏将产融结合的主导模式概括为四类，即政府主导型、银行主导型、企业主导型、市场主导型（见表 5 – 1）。

表 5 – 1   产融结合的主导模式

实现模式	政府主导型	银行主导型	企业主导型	市场主导型
基础条件	政府主导推动经济增长，推行产业政策、金融政策	银行体系发达，并能经由信贷和股份等控制企业	准市场经济体制，企业自治并能够开办金融机构	健全的市场经济体制及配套的法律制度体系
发展模式	政府主导型	银行主导型	企业主导型	市场主导型
运行主体	政府	商业银行	企业	市场
运行方式	信贷扶持	主银行制	分散化	价格与竞争
经济效益	强大的动员能力，效率相对低下	资本汲取能力强，竞争性较差	自由交易，金融体系分散	高效的资源配置，有效识别风险
风险控制	风险水平高，控制能力较弱	企业经营与银行体系的风险大	风险水平高，金融动荡的影响大	市场自身也存在盲目性，需引导
典型国家	苏联、韩国	日本、德国	南斯拉夫	美国、英国

资料来源：王吉鹏. 产融模式 ［M］. 北京：经济管理出版社，2012：82.

银行主导型产融结合模式主要是指以商业银行为主体的金融部门在产融结合过程中居于主导地位，发挥主渠道作用。银行业资本通过债权和股权相结合的方式渗透到产业资本，由银行业资本控制产业资本，并利用控股地位扩张规模和经营管理，二者融合成长，结果形成凌驾于工商企业与金融企业之上的金融财团或金融寡头。银行主导型产融结合模式在国际上主要以日本和德国为代表。

市场主导型产融结合模式主要指以股本、资产的证券化和社会化为基础，以高度证券化的资本市场为依托，以自由市场运行为保障，银行和产业间通过公开市场实现外部结合，金融业资本并不直接参与企业的治理，而是借助资本市场的证券交易、兼并、接管机制来间接控制产业资本。产权独立、分业经营、保持距离型融资是该模式的主要制度特征。市场主导型产融结合模式在国际上主要以美国和英国为代表。

---

① 王继权. 现代产融结合论 ［D］. 成都：西南财经大学，2004：95.

政府主导型产融结合模式主要指政府在储蓄和投资转化中发挥重要的支配作用,通过有效控制国内金融部门对银行决策产生影响,来引导稀缺的金融业资本配置到符合产业政策方向的目标企业和投资项目,以实现经济结构调整和经济增长的目的。国际范围内韩国是采取政府主导型产融结合模式的典型国家。

对国内产融结合实现模式的研究主要有:许天信、沈小波对我国产融结合的实现做了全面的统计分析,总结出四种模式,即工商企业参股金融企业、金融企业参股工商企业、集团自办财务公司或银行以及准金融控股集团[①];杨涛依据我国产融结合的实际状况,总结出我国产融结合三种主要的实现模式,即金融资本融入产业、产业资本进入金融领域、大型企业内部的金融资源整合[②]。

从上述对国内外产融结合实现模式的研究来看,产融结合的实现模式主要与产融结合实现的主导主体相关,即政府、市场、企业组织、金融业组织(以银行为代表)。根据党的十八届三中全会关于"经济体制改革是全面深化改革的重点,核心问题是处理好政府和市场的关系,使市场在资源配置中起决定性作用和更好发挥政府作用"的精神,产融结合实现机制作为构筑在经济体制基础上的经济机制,其实现模式的构建理应符合经济体制改革的目标。我国产融结合实现模式的构建目标应该是市场主导型和政府引导型相结合的模式。既发挥好市场在产融结合实现中的基础性和决定性作用,又要更好发挥政府在产融结合实现中的服务引导和监管功能。

---

① 许天信,沈小波. 产融结合的原因,方式及效应 [J]. 厦门大学学报(哲学社会科学版),2003(5):107.

② 杨涛. 促进我国产融结合需要新思路 [N]. 中国经济导报,2013 – 04 – 27.

第 *6* 章

中国产融结合实现的动力机制

产融结合实现是一个动态的过程，既有来自产融内部的动因又有来自产融外部的动因，源于产融内外部动因的联合驱动。产融结合实现的内部动因和外部动因相互作用的过程，即产融结合实现的动力机制，产融结合实现的动力机制是产融结合实现机制的首要环节。

6.1 产融结合实现动力机制的理论解析

6.1.1 资本层面的解析

马克思主义政治经济学认为资本是价值的一种特殊形式，是不断在运动中谋求自身增殖的价值。资本的运动表现为无休止的循环和扩大循环，资本在循环往复的运动中不断增殖和集中。产业资本和金融业资本在循环往复的运动中先是各自不断集中，在集中的基础上形成垄断，在垄断的基础上产业资本和金融业资本逐步融合在一起。资本层面的结合是产融结合实现动力机制的基础，在实践中主要表现为股权、债权关系。资本层面的结合是产融结合实现的本质层面。资本增殖、获取剩余价值是资本的本性。资本的本性是产融结合实现的原动力。

1. 资本的本性是产融结合实现的原动力

长期以来经济学者们对资本内涵的理解和资本作用的认识不尽相同，

众说纷纭。对资本内涵理解的主要代表性观点有：（1）货币说，认为资本是货币；（2）生产资料说，认为资本是用于生产的物品等生产资料；（3）无形资本说，认为商誉、品牌、知识产权等是无形资本；（4）人力资本说，认为人的智力、健康和通过教育、培训获得的知识与技能是人力资本；（5）社会资本说，认为社会背景或人际关系是社会资本，即人们在社会结构中所处的位置给他们带来的资源……经济学者们对资本作用的理解也不尽相同，有的认为资本的作用是提高劳动生产的效率；有的认为资本的作用是支持长期生产；有的认为资本的作用是带来利润；有的认为资本的作用是创造财富，等等。

马克思主义经济学对资本的理解不同于上述诸多观点。马克思主义经济学以辩证唯物主义和历史唯物主义为哲学基础，以资本主义生产关系为研究对象，以资本逻辑的分析和考量为"中轴理论"，致力于资本主义生产方式运行机理的研究，构建了诠释资本主义历史体系及其流变的理论体系，即围绕剩余价值而展开的资本及其增殖始终是整个资本主义社会系统发生冲突与危机的根源。① 马克思主义经济学认为资本是能够带来剩余价值的价值。资本不是物，而是以物的形式反映出来的社会经济关系。

马克思主义经济学对资本内涵的阐释可以从现象和本质两个层面来理解。从现象层面看，资本表现为用于生产的物品等生产资料；就一般形式而言，资本表现为一定数额的货币；就具体形式而言，资本表现为投入在资本主义生产过程中的生产资料和劳动力上。从本质层面看，资本是一种特定的生产关系，是以物的形式反映出来的社会经济关系，是能带来剩余价值的价值。作为马克思主义政治经济学研究对象的资本，它是一个历史范畴，有着确定的社会属性。在《资本论》中，马克思将"资本"这个范畴作为研究的历史和逻辑起点。它是资本主义经济社会的"细胞"，是借助于"抽象力"② 这一工具获得的。在资本主义生产方式占统治地位的社会，资本是经济运动的主体。不断增殖和追逐剩余价值是资本的本性。

商业资本是资本主义发展历史上最早的资本形态。在资本主义发展的

---

① 姜安．列宁"帝国主义论"：历史争论与当代评价［J］．中国社会科学，2014（4）：10.

② 马克思说："分析经济形式，既不能用显微镜，也不能用化学试剂，二者都必须用抽象力来代替。"详见：马克思恩格斯文集（第10卷）［M］．北京：人民出版社，2009：8.

早期阶段，商业资本占主导地位。商业资本通过剥削小生产者（个体农民、手工业者等），以贱买贵卖的方式增殖自己。商业资本的积极作用表现在刺激了商品生产的发展和促进了各个地区之间的经济联系与交往，对自给自足的自然经济起到了瓦解的作用，加速了小商品生产者的分化，为资本主义生产方式的确立准备了一定的条件。马克思指出，商人资本的存在和发展到一定的水平，本身就是资本主义生产方式发展的历史前提。①当资本主义生产方式建立以后，商人资本逐渐失去了它的独立性，逐步让位于产业资本。产业资本逐步占据主导地位，商业资本变成产业资本的"奴仆"，服从于产业资本的运动。为了获取高额利润，产业资本家会尽可能地通过延长劳动时间和增加劳动强度加强对工人的剥削，采用新技术等方式降低成本，提高劳动生产率。资本主义发展到金融资本阶段以后，占统治地位的是集产业资本家和金融业资本家为一身的金融寡头。产业资本和金融业资本相互融合，共同控制整个经济。为了阻止利润率的下降，除了尽可能地采用新技术或加强对工人的剥削程度外，还对资本主义生产实施垄断，组建卡特尔等垄断组织，通过对非垄断企业的剥削获得垄断利润，还通过实施保护关税政策、资本输出和对外经济扩张等获取更多利润。

产业资本和金融业资本的融合，即产融结合仍然是更好地服务于资本增值自身、获取剩余价值的本性。所以，资本的本性是产融结合实现的原动力。

2. 资本的演变与融合

资本的历史形态与一定水平的生产力相联系。生产力的发展状况是资本形态演进的基础，资本形态的演变也是资本分工与融合的过程。在资本主义发展史上，较长一段时间是商业资本占主导。从 19 世纪开始，资本主义自由竞争时期商业资本逐步让位于产业资本。20 世纪初，资本主义逐步从自由竞争阶段演进到垄断阶段，又逐步由私人资本垄断阶段进入国家垄断资本主义阶段，金融资本取代产业资本占据主导地位。

---

① 资本论（第三卷）［M］. 北京：人民出版社，2004：365.

金融资本是工业资本和银行业资本在生产集中和垄断基础上的融合。它使资本的控制权从产业资本家手中扩大到金融资本家集团手中。希法亭认为金融资本是资本的最高和最抽象的表现形式。在 20 世纪中后期的半个多世纪里，资本主义又经历了超越过去社会任何阶段的高速发展。电子计算机、大数据等信息技术的飞速发展，跨国公司、跨国银行等商业组织的超常规发展，把资本主义生产推向前所未有的广度和深度。金融资本借助互联网信息技术和跨国商业组织不断拓展运动的时空范围，加快运行节奏。产业资本和金融业资本的融合已经超越主权国家的范围，在世界范围内融合，融合的程度进一步加深。金融资本已经发展成为国际金融垄断资本。

3. 资本的运动与循环

马克思在《资本论》第二卷第四章"循环过程的三个公式"分别考察了产业资本循环的三个形态：生产资本的循环、货币资本的循环和商品资本的循环。马克思依次分别研究了这三个循环形态后，深刻地指出，产业资本的现实运动不仅是生产过程和流通过程的统一，而且还是这三种循环形态的统一。马克思经济学认为产业资本是指按照资本主义方式经营的各个物质生产部门中的资本。产业资本包括工业资本、农业资本、建筑业资本等。产业资本的运动形式如图 6-1 所示。

$$G-W <^A_{P_m} \cdots P \cdots W'-G',\ 其中\ G'=G+g$$

图 6-1　产业资本运动示意

其中，G 为投入货币，W 为商品，A 表示劳动力，P_m 表示生产资料，P 表示生产过程，W' 表示新生产出来的商品，G' 为产出货币，g 为货币增加值部分。

在产业资本的现实运动中，产业资本的各个组成部分具有空间上的并存性和时间上的继起性，并存性和继起性是互相依存、互相制约的。正是这两者的有机结合、辩证统一，才能保证三个循环形态的统一，从而保证产业资本现实运动的连续进行。在产业资本的现实循环中，由于固定资本的更新、商业赊销等客观经济现象的存在，产业资本总量中存在暂时的部分闲置资本游离出来进入金融业，即 g 中的一部分（固定资本更新部分，用 g_3 表示）游离出来进入金融业转化为货币资本（见图 6 – 2）。这种情况在一些资本有机构成比较高的行业，如机械设备、重化工、钢铁、煤炭业等企业中较为明显，在固定资产更新之前大量资金以折旧形式沉淀于营运资金之中。

$$g=g_1+g_2+g_3, \quad g_3 \cdots G-G',$$

图 6 – 2　产业资本中部分闲置资本转化货币资本示意

随着信用制度和股份制经济的发展，银行业等金融业机构把它们资本的一个不断增长的部分长期投资于工商产业之中，即直接投资（产权投资），形成一定的股权关系（见图 6 – 3）。

$$G（企业G_1+金融业G_2）-W<{}^A_{P_m} \cdots P \cdots W'-G'$$

图 6 – 3　金融业机构对企业直接股权投资的资本运动示意

因此，长期固定的股权投资使银行业等金融业资本家在一定意义上转变为产业资本家。希法亭把通过这种途径实际转化为产业资本的银行资本称为金融资本。希法亭认为在银行业资本与产业资本的结合中，银行业资本居于主导地位，产业资本从属于银行业资本，往往是被动地依赖于银行业资本。随着生产规模的不断扩大，产业资本越来越依赖具有垄断地位的银行业资本来为其融资，直到两者相互融合在一起，银行业资本居于支配地位。

产业资本与金融业资本在循环往复的运动中，通过资本市场等作用方式，相互融合在一起，可以充分发挥产业资本与金融业资本的各自优势，做到优势互补。

6.1.2　组织层面的解析

本研究所用到的"组织"，是就狭义上而言的。主要指有统一利益诉求的、以正式契约联结的结构，包括政府组织和企业组织等。本研究组织层面之一——企业层面的研究，企业的含义指以盈利为目的，通过运用土地、劳动力、资本、技术等各种生产要素，向市场提供产品或服务，实行自主经营、自负盈亏、独立核算的法人或其他社会经济组织。本研究组织层面之二——政府层面的研究，主要是就政府的经济职能而言的。根据与产融结合机制联系的相关程度，主要有中央政府、地方政府，政府部门的具体职能部门有财政部、国资委、中国人民银行、银保监会和证监会等。

1. 企业层面的解析

综观世界范围内一些成功的企业集团的发展历史，几乎可以毫无例外地发现，在其发展的某一特定阶段都采用了产融结合战略，实现了产融结合。也有观点认为，换句话说，也正是因为实现了产融结合，这些企业才发展成为成功的大型企业集团。我国的很多企业集团也已经实施了或者正在实施产融结合战略。下面，将具体解析企业实现产融结合的动力机制。

（1）产融结合实现可以满足实体产业企业获得更多信贷支持，增强财务灵活性。从世界范围内来看，大多数国家在经济发展过程中都出现过"融资难、融资贵、融资慢"的现象，不同之处可能在于发生的阶段和时期不一样。企业在成长发展的过程中也都有资金渴求期。根据联合国欧洲经济委员会（the United Nations Economic Commission for Europe，UNECE）的研究，"新经济体企业从萌芽期到初创期过程中资金支持通常依赖自有资金，现金流往往较为紧张，很大一部分会落入死亡之谷（valley of death）（见图 6 - 4）。企业是宏观经济的细胞，企业在成长过程中遇到的融资约束问题是影响企业可持续发展的关键"[①]。

我国由于金融市场起步晚，发展不完备，金融体系中存在着一些不合理的体制性、机制性因素。长期以来企业融资难、融资贵、融资慢都是困扰我国实体经济发展的突出问题。据中国企业经营者问卷历年跟踪调查结果显示，无论是国有企业还是民营企业，资金紧张始终被企业家列为企业

[①] United Nations. Economic Commission for Europe. Policy Options and Instruments for Financing Innovation: A Practical Guide to Early Stage Financing. Vol. 9. New York: United Nations Publications, 2009.

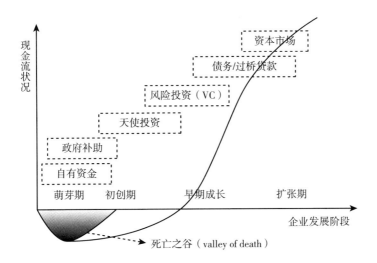

图6-4　企业发展不同阶段资金来源示意

经营过程中遇到的主要困难之一。根据中国企业家调查系统对全国4526位企业经营者的问卷跟踪调查显示，企业家进行产融结合的主要动机中为"获得更多的信贷支持，增强财务的灵活性"占比超过半数，占50.2%；在中西部地区的企业家中表现更明显，有超过60%的企业家表示产融结合实现的动机是为了"获得更多的信贷支持，增强财务的灵活性"[①]。这表明，相当部分企业实现产融结合的动机在一定程度上是为了获得关联贷款。这与我国整体上仍然还存在"融资难、融资贵、融资慢"的现象和大多数企业发展处于上升期对资金的渴求紧密相关。

　　实体企业为了获得更多的信贷支持、增强财务灵活性而实现产融结合的动因构成了我国企业产融结合实现的直接动因。当然以此为目的的这种类型的产融结合实现的是低水平、初级层次的产融结合，只是把产融结合当作了获取资金的途径。虽然具有一定的正当性，但可能会带来企业系统内部的关联交易和关联贷款等诸多不利影响，加大经济运行风险。因此，以"获得更多的信贷支持，增强财务的灵活性"为动机的产融结合给政府的金融监管带来较大挑战。

---

　　① 李新春. 资本市场与中国企业家成长：现状与未来、问题与建议——2011中国企业经营者成长与发展专题调查报告 [J]. 管理世界，2011 (6)：76-79.

（2）产融结合实现可以提高实体产业企业一定阶段的盈利水平。从世界范围看，金融行业的利润率普遍较其他各行业的平均利润率都要高。对金融行业的高利润率的追逐往往成为一国一段时期内企业集团实施产融结合的重要原因。以追逐金融业高利润为动力而实现的产融结合具有短期性、暂时性。以追逐金融业高利润为动力而实现的产融结合也是低水平、初级层次的产融结合。

从世界范围看，我国金融业的平均利润率处于较高水平，要大幅高于美国和欧洲的金融行业平均利润率。从国内范围看，我国金融行业的利润率又普遍高于其他行业的利润率。据美国《财富》杂志公布的 2013 年世界 500 强排行榜中，最赚钱的中国企业是银行。在世界最赚钱的前 10 家企业中，银行占 4 席，全部是中国的银行。上榜的 95 家中国企业平均利润率为 3.9%，仅有 12 家企业的利润率达到 10% 以上，银行占据了前 9 席，且均在 20% 以上，其中中国工商银行的利润率最高，达到 28.29%。此外，在 95 家上榜企业中，净利润率前 15 名的公司中，银行更是占据了其中 11 席。[1] 即使 2008 年受全球经济金融危机的重创，由于出口急剧下降，劳动力、资金、租金等要素价格攀升，能源、原材料价格上涨，实体经济经营出现困难，利润下滑，平均利润下滑到 10% 以下，而银行业利润却连创新高，平均资本利润率达 20% 左右，并呈上升的趋势。中国国际经济交流中心相关学者公开表示，银行的资本利润率已经不仅大幅高于工业，而且高于石油行业。[2]

我国银行业的净资产收益率也远远高于其他行业。2005～2011 年，金融保险业平均盈利水平达 18%，高于其他行业，而银行的盈利水平又高于保险业的平均水平，高达 19.3%。这表明，银行得到的是高于社会平均利润之上的超额利润。2013 年，中国工商银行、中国农业银行、中国银行、中国建行、交通银行五家商业银行的平均利润率高达 23.6%，其中中国工商银行的利润率接近 30%。当年，中国工业企业的平均利润率不超过 7%，500 强企业的平均利润率是 2.3%，规模以上工业企业主营活动平均利润率

---

[1] 金慧瑜. 中国 95 家财富 500 强平均利润率降至 3.9% [N]. 第一财经日报, 2013 - 07 - 10.
[2] 刘永刚. 银行业蓝鲸怪象——中国银行业的"暴利"与改革中国经济周刊 [J]. 中国经济周刊, 2012（13）：27 - 36.

为 6.04%。2014 年，在世界 500 强企业中，美国企业的平均利润率为 9.33%，而中国企业的平均利润率仅为 5.1%。2014 年，中国企业 500 强中，17 家银行净利润总额 1.23 万亿元，占 500 强企业净利润的 51%，500 强企业中银行业利润总额首次超过其余 483 家企业的总和①。

2014 年 9 月，中国企业联合会、中国企业家协会发布的《中国企业 500 强发展报告》显示：银行业与制造业的巨大"利润鸿沟"，比以往更加突出。中国企业 500 强中有 260 家制造业企业，营业收入合计 23 万亿元，净利润合计为 4623 亿元；有 17 家银行，营业收入合计为 5.52 万亿元，净利润合计为 1.23 万亿元；17 家银行净利润是 260 家制造企业的 2 倍多②。

由于我国还是一个发展中国家，社会主义市场经济起步晚，发展还不够完备。金融行业的管制政策使得金融牌照资源稀缺，导致一段时期以来我国金融行业的平均利润水平高于其他行业。金融业的高利润对于实体行业的企业具有极强的吸引力。实体产业企业通过进入金融行业，可以分享金融业的高利润，获取新的利润增长点，还可以延伸产业链。例如，我国国内的新希望集团仅 2006 ~ 2008 年从其持股的民生银行获得的利润就分别占到同年公司总利润的 70%、94% 和 150%。③ 中国企业家调查系统对全国 4526 位企业经营者的问卷跟踪调查显示，企业家进行产融结合的主要动机中"为剩余产业资本寻求出路、获取更高利润"占比达到 22.2%。总体上，产业资本有强烈的意愿进入金融业领域，开展产融结合④。

作为国外产融结合典范的 GE 集团来说，金融业务板块收入较长一段时间都是集团利润的重要来源。2003 年金融业务销售收入占集团销售收入的比重超过 45%，2004 年金融业务净利润占集团净利润的比例达到 50.9%，2006 年金融业务净利润占集团净利润的比例达到 51.2%，2007 年金融业务净利润占集团净利润的比例达到 46.4%⑤。从这些数据中可以看出，GE

① 冯登艳，余金轩. 马克思平均利润与银行利润理论的现实意义 [J]. 征信，2015（8）：70 - 73.

② 中企 500 强 260 家制造企业净利总和不如 17 家银行 40% [N]. 人民日报，2014 - 09 - 03.

③ 田晶. 民企淘金"草根金融" [N]. 中国企业报，2011 - 03 - 22.

④ 李新春. 资本市场与中国企业家成长：现状与未来、问题与建议——2011 中国企业经营者成长与发展专题调查报告 [J]. 管理世界，2011（6）：76 - 79.

⑤ 欧阳辉，刘一楠. 通用电气为何抛弃金融部门 [J]. 财经，2015（12）.

集团本来是以制造业起家并以制造业为主导的企业集团，其金融服务业部门业务甚至一度占到整个集团的半壁江山，为集团创造了不菲的利润。

从上述案例可以看出，国内外的企业集团在不同时期都曾把产融结合实现作为提高企业盈利水平、做强做大的一个重要路径。但金融行业较之于其他行业的高利润率往往是与金融市场的垄断和未完全开放、利差保护紧密相关。随着金融全球化、利率市场化等金融市场环境变化，金融行业的高利润率是不可持续的。以获取金融行业的高利润为目的的产融结合具有暂时性、不可持续性。停留在以获取金融业利润为动力而实现的产融结合也只能算是低水平、初级层次的产融结合实现。

（3）产融结合实现可以满足实体企业对综合化金融服务的需要。从企业的生命周期来看，实业类工商企业，经历初创、成长期后步入成熟期，除了存款、融资等传统的银行业务需求外，相继会产生如现金管理、资产托管、企业理财、外汇业务、国际结算等新的业务需求。对于产业发展相对完备的企业而言，随着规模的不断扩大和产业链的不断延长，产业链上的各个环节都对综合化金融服务具有自发的内在需求，希望借助金融机构在资金、知识、信息、技术等方面的专业优势，提升资金使用效益，拓宽融资范围，优化整合各方面资源，为产品更新和产业升级以及进一步做大做强寻求有力的金融服务支持。

20世纪80年代以来，美国、英国、日本、德国等国家对金融领域进行了一系列的改革，先后走上了金融自由化、综合化、多元化的经营之路，推动着国际金融向综合化发展。20世纪90年代，随着金融体制改革步伐的加快，我国的银行、证券、保险业及各种新兴金融市场主体快速发展。部分金融业务交叉合作，部分新型金融综合组织出现，金融业逐渐呈现明显的综合化趋势。一些银行等金融机构顺应了金融综合化的趋势，开始提供综合化的金融业务服务。但与外部金融机构相比，企业内部发展的金融机构可以更好地根据企业自身的经营状况、财务详情、金融的内外部需求，在对外投资、并购重组等方面提供更加符合企业实际状况的专业化金融配套服务。

实体企业对综合化金融服务的需要既有内生于企业集团成长壮大过程中产业链延展的真实金融服务需求，又有来自经济金融化背景下的外在拉力。在内部推力和外在拉力作用下，实体产业企业产生的综合化金融服务的需要超越了较为初级的为取得关联信贷和获取金融业高利润的而实现产融结合的动因，是经济金融化背景下一种较为成熟的产融结合动因。

例如，成立于 1987 年 5 月的我国第一家企业集团财务公司——东风汽车财务有限公司，是东风汽车集团所属非银行金融机构。东风汽车财务有限公司依托于东风汽车集团，以服务东风汽车集团为经营宗旨，成立初始便以为东风汽车集团资金集中管理和为东风汽车集团成员单位提供结算、融资等全方位全价值链金融服务为核心业务，后来开拓了汽车销售金融业务，大大提升了东风汽车集团旗下商用车及乘用车的市场占有率。目前公司正在致力于发展成为东风汽车集团"资金集中管理平台""汽车金融事业单元""资金营运理财中心"（见图 6-5）。

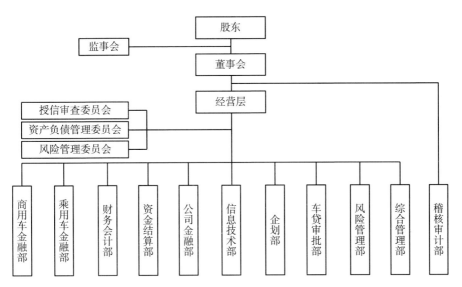

图 6-5 东风汽车财务有限公司组织架构
资料来源：东风汽车财务有限公司门户网站。

又如，中航工业集团旗下的中航资本，根据集团公司发展技术密集型航空工业的需要，主要经营证券、期货、租赁、财务、信托公司等金融业务与财务性实业股权投资业务。近年来，中航资本快速发展，集团公司主营的航空及其相关产业与中航资本的金融类业务相互支撑，实现了深度产融结合。中航资本通过加强公司内外各业务之间的协同，为我国航空工业和相关军工行业的发展提供全方位的资本支撑和完善的金融服务。目前中航资本已经形成了集金融运营平台、资本运作平台和战略性新兴产业投资平台三位一体的业务发展格局。已经发展成为集证券、期货、租赁、信托、财务公司业务等全金融业牌照的集团公司（见图6－6）。中航资本利用产融结合优势，积极参与中航工业集团公司的重大并购、重组以及投资业务等，先后投资参与了中航重机、中航黑豹、中航飞机、中航国际公司、沈飞民用航空公司、成飞民用航空公司等的业务，获得了丰厚回报。

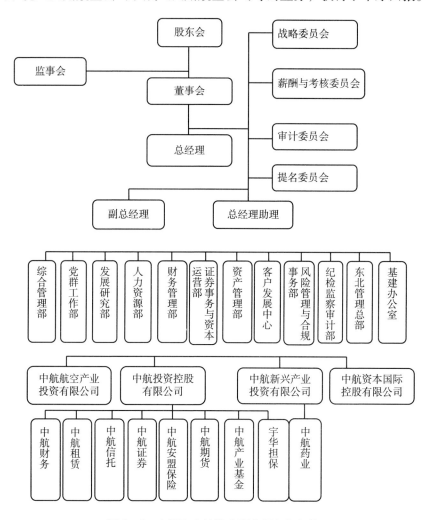

图6－6　中航资本控股有限公司组织架构

资料来源：中航资本有限公司门户网站。

（4）产融结合可以满足企业多元化经营的需要，降低交易成本和风险水平。根据多元化经营的相关理论，多元化经营指企业在多个相关或不相关的产业领域同时经营多项不同业务。相对于专业化经营而言，多元化经营实质上是将多个专业化经营的独立企业的经营活动整合在一个企业内进行，或者是一个企业经营多个产业、生产多种产品或提供多种服务。多元化经营可以充分发挥企业集团在技术、资金、管理等方面的整体优势和协作优势，合理配置资源，提高资源的利用效率，减少浪费和闲置，从而取得更高的投资报酬。

企业成长发展到一定阶段后，由于产业资本的日益充裕，使其倾向于开展多元化经营，进一步扩大经营规模。企业实现产融结合，可以借助产融结合获得便利的金融资源。一方面可以拓宽企业的融资路径，另一方面可以获得金融机构专业化的业务咨询、信息沟通和其他专业指导，降低企业快速扩张中的财务风险和经营风险。实现产融结合的企业集团公司可以通过内部的财务公司、信托公司、租赁公司等金融子公司提供咨询中介服务，还可以将资本外部循环内部化，降低融资费用、沟通成本，增加企业利润。

例如，我国海尔集团下辖的海尔集团财务有限责任公司，经中国人民银行批准，于 2002 年 6 月成立并正式对外营业。两年后，海尔集团财务有限责任公司资产规模就由 20 亿元上升到 40.5 亿元，增长了近 100%；营业收入近 2 亿元，保持近 50% 的增长水平；实现利润总额累计达 1.5 亿元。总资产收益率和净资产收益率以 2.38%、14.43% 分别位居行业排名的第六位、第十位。海尔财务公司通过资金集约管理和综合金融服务，成立两年内即为集团累计节约资金成本约 2 亿元，将集团的外部融资成本降低了[1]。海尔集团财务有限责任公司始终坚持海尔集团"资金集约管理中心、金融集成服务中心、产业协同利润中心、集团信用增值中心"的战略定位，紧紧围绕集团产业开发金融市场，创新业务发展模式，为集团产业提供了优质高效的金融服务，协同产业共同发展。同时，公司自身的注册

---

① 杜胜利. 国际财务公司的发展趋势与海尔财务公司的发展模式［J］. 会计研究，2005（5）：71 - 77.

资本、业务品种、资产规模也不断扩大，截至 2011 年末，注册资本增至 15 亿元，资产规模达到 380 亿元，位居全国财务公司同行业第九位，家电行业第一位，利润总额位居全国第五位。[①]

通过实现产融结合来满足企业多元化经营的需要，降低交易成本和风险水平的动因在企业规模达到一定程度后属于较为成熟的产融结合实现动因。

（5）企业实现产融结合可以产生协同效应，实现实体产业与金融产业的优势互补。协同效应理论是由德国物理学家赫尔曼·哈肯提出并加以系统论述的理论。协同效应原本为一种物理化学现象，又称增效作用，是指两种或两种以上的组分相加或调配在一起，所产生的作用大于各种组分单独应用时作用的总和。"协同"本质上是一种合作，是一种功能的组合和放大，将会产生正向连锁反应。

协同效应理论后来被引入经济学、管理学等社会科学领域，认为良好的经营管理可以产生经营协同效应、管理协同效应和财务协同效应。实体产业企业成长发展到一定的规模后，在长期的经营中积累了许多有形和无形的宝贵资源，有形的如独特的技术优势、良好的管理模式、稳定的客户群体；无形的如良好的市场口碑、卓越的品牌效应。这些有形和无形的资源对于实体产业企业发展金融产业具有得天独厚的优势，可以有效推动企业金融业务的开展。同时，金融业务也可以助力实体产业发展，二者相互补充、相互配合。产融结合实现可以产生经营、管理、财务、资源等方面的协同，实现优势互补、成本降低、市场份额扩大等，提高企业集团的竞争力，增强企业集团的盈利能力。

从经济运行周期来看，由于工商实体产业与金融业的运行经济周期可能不一致，从而产融二者的结合可以"熨平"经济周期波动导致的冲击。产融双方在资金、人才、技术等方面存在各自的优势和短板，互有余缺，通过有效的结合，可以使人才、技术等这些要素发挥更大的作用。在无形资产方面，通过实现产融结合，可以进一步扩大有优势一方的无形资产。

---

① 海尔集团财务有限责任公司门户网站，http://www.haierfin.com/portal/jsp/company_introduce.jsp.

例如，产融结合实践中部分知名大企业控股或参股中小金融机构，增大了控股方的知名度，也在一定程度上让参股方中小金融机构借助知名企业的良好声誉扩大了品牌优势。

例如，国外产融结合的典范 GE 集团，其成功就在于金融业与主业的高度协同。GE 集团的金融业务立足于为 GE 集团产业服务，随着 GE 集团产业链的延展，GE 金融发展了全面的金融服务形式；GE 金融凭借母公司 GE 集团良好的声誉获得最高信用评级，进而为实业发展提供低成本融资，二者优势互补，相互促进，产生了良好的财务协同、经营协同、品牌协同等协同效应。

我国昆仑银行的快速发展，也是产融结合实现助力财务协同、经营协同、品牌协同等效应的最佳佐证。昆仑银行由中国石油天然气集团公司增资控股克拉玛依市商业银行于 2009 年 4 月成立。2010 年 4 月，克拉玛依市商业银行更名为昆仑银行。成立之初，昆仑银行确立了坚定不移走产融结合特色化发展道路，依托母公司的能源行业背景和品牌声誉，致力于建立特色鲜明、富有活力的优秀商业银行。昆仑银行利用中石油资金供给和业务需求优势，发展石油矿区综合金融服务和油气产业链贸易融资等业务，实现了资产与利润的高速增长，在不到三年的时间里就由一家资产规模仅为 38 亿元的小银行成长为总资产突破 1300 亿元的大中型城市商业银行[1]。经过近十年的发展，昆仑银行产融结合特色初具规模，综合实力持续增强，从一家小型区域性城商行逐步发展成为跨区域经营、具有一定国际影响力的特色商业银行，资产规模迈入全国城市商业银行前列，是近年来国内成长最快的银行之一。

从上面的理论分析和案例研究可以看出，成功的企业产融结合必定会出现财务协同效应、经营协同效应和管理协同效应，实现实体产业与金融产业的优势互补。由于金融业和实业具有不同的经营理念、管理模式和运作规律，不能取得协同效应，两者就是两个完全不同的领域。如果只是以"产融结合"之名行"财务投资"之实，则会放大风险，引致风险叠加效应。

---

① 董云峰. 昆仑银行背靠中石油资产三年增长超 3000%［N］. 第一财经日报，2012 - 05 - 10.

综上所述，企业组织实现产融结合的动力主要有以下五个方面：一是可以满足实体产业企业获得更多信贷支持、增强财务灵活性；二是可以提高实体企业一定阶段的盈利水平；三是可以满足实体企业对综合化金融服务的需要；四是可以满足企业多元化经营的需要，降低交易成本和风险水平；五是可以产生协同效应，实现实体产业与金融产业的优势互补。上述五个方面构成了企业机构实现产融结合的具体动因。五个动因实质上反映了企业成长过程中不同阶段的发展需求和产融结合实现要求，第一、第二个动因属于初级动因，第三、第四两个动因属于中级动因，第五个动因属于高级动因。企业通过产融结合实现资本、组织和产业的协同是产融结合实现的理想状态。

2. 政府层面的解析

马克思主义政治经济学理论认为政府对于经济活动的介入是内生的，而不是外生的。政府干预经济活动的实质是要维持社会总资本的不断运动，保障资本循环和周转过程的持续进行。因此，政府干预是要为资本创造一切有利于其运动的条件，包括财政税收手段、货币汇率手段、收入分配政策、产业政策等经济手段、行政手段、法律手段甚至军事手段等。资本主义经济发展的历史实践也表明，政府对于经济活动的介入是内生的，而不是外生的。政府与市场在经济发展中的关系及其相关的制度安排以及对于政府在经济社会发展中职能界定方面的研究，始终是贯穿西方经济学的一条脉络。西方经济学理论对政府职能的研究基本遵循了"守夜型"政府—"干预型"政府—"服务型"政府的演进脉络，较为一致地认为经济职能和社会职能是政府的关键职能①。

马克思主义经济学和西方经济学理论都认为，充分合理地有效发挥政府的经济职能对于促进经济增长、实现国家经济繁荣有着关键作用。世界各国经济发展的历史也已经充分证明，政府组织在一个国家的经济发展中起着举足轻重的作用，政府承担着发展经济的重要职能。进入现代社会以

---

① 邱海平，李民圣. 马克思的资本流通理论与政府经济职能 [J]. 经济学家，2015 (1)：5–11.

来，国家或者地区之间的竞争主要表现在经济实力上，经济实力成为衡量一个国家或者地区综合实力的重要因素。各国政府都把促进经济发展放在了主导地位，政府的经济职能地位开始大幅提高。经济发展和资源的有效配置密切相关，目前世界上绝大多数国家主要以市场经济体制配置资源为基础，同时发挥政府宏观调控的经济职能。因此，在市场经济条件下，如何处理好市场在资源配置中的基础性地位，同时发挥好政府宏观调控的作用，对政府履行经济职能有着重要的挑战。

本书从政府层面的研究主要是就政府的经济职能而言的。政府的经济职能是指政府从一国或者地区社会经济生活宏观的角度，履行对国民经济进行全局性的规划、协调、服务、监督的职能和功能。在社会主义市场经济条件下，我国政府主要有四大经济职能：经济调节、公共服务、市场监管、社会管理。

资源的优化配置和稳定与发展经济是政府最重要的两项经济调节职能。资源配置职能指政府通过经济手段，引导资本、技术、劳动力等生产要素流动，优化产业结构、组织结构、区域经济结构等经济结构，提高资源使用效率。稳定与发展经济职能指政府通过干预、调节国民经济运行，达到物价稳定、就业充分、国际收支平衡等目标，实现经济发展的目的。

政府基于发展本国或者本地区的经济，把产融结合实现机制作为一种发展经济的机制，主要动因有以下四个方面。

（1）为增强本国的国际经济竞争力，政府有实施产融结合实现机制的动力。当今世界，国家与国家之间的竞争日趋激烈，国家实力的竞争主要体现在经济实力，而经济实力的竞争又主要体现在大型企业集团的竞争力上。企业集团在维护国家经济秩序和增强国际经济竞争力中具有重要的作用，只有做强做大做优企业才能增强国家的经济竞争力，才能更好地维护国际和国内的经济秩序，才能抑制跨国垄断势力，维护国家的政治经济安全。从大多数大型企业集团的发展历程和已有的理论研究来看，企业集团的壮大发展中都不同程度地实施了产融结合战略。因而，很多国家或者地区的政府为了培育大型企业集团，往往在经济政策的制定中有激励实施产融结合实现机制。

（2）为协调实体经济和虚拟经济的关系，政府有实施产融结合实现机制的动力。近年来，随着经济金融化程度的日益加深，虚拟经济快速发展，成为新经济的一种重要形态。虚拟经济的出现给世界经济的发展带来了新理念、新变化，发挥着日益重要的协调功能。一个国家或者地区的虚拟经济的发展程度或效率高低成为衡量其整体经济竞争力强弱的一个重要指标，往往影响着该国或者地区的实体经济的整体增长活力与速度。虚拟经济体系在给新兴企业和新型产业提供融资与支持创新创业中具有独特的作用，为整个经济体的效用改进创造巨大的空间。虚拟经济对于实体经济推动作用的核心功能是降低交易成本与消除信息不对称，改善资源的配置效率。

根据马克思主义经济学的观点，虚拟经济实质上是资本运行在金融领域及其派生系统中所形成的经济形态。虚拟经济的产生是以实体经济的发展为基础的，实体经济发展是虚拟经济发展的基础。虚拟经济与实体经济之间的关系是对立统一的。虚拟经济对实体经济具有依附性和派生性。但由于虚拟经济的运行方式不同于实体经济，因而其具有相对独立性的一面，虚拟经济对实体经济的运行有巨大的反作用。

因此，对于一个国家或者地区而言，要从整体着眼处理好虚拟经济和实体经济的关系，以实体经济的发展为基础，适当发展虚拟经济，充分发挥虚拟经济对实体经济的正向作用。

处理好"产"与"融"之间的关系，对国家处理好虚拟经济和实体经济的关系具有重要作用。当虚拟经济的发展不能适应实体经济的发展水平时，产业企业的正当融资需求不能得到满足，企业无法扩大社会再生产，就会影响社会再生产的实现。反之，当虚拟经济的发展程度超过实体经济的发展水平时，可能引致经济虚拟化和泡沫化，诱发经济危机。因此，确保实体经济健康发展和使虚拟经济更好地为实体经济提供融资服务是政府正确处理实体经济和虚拟经济关系的目标。因而，衡量产融结合是否必要与产融结合实现成功与否的重要标准，是看实体产业和金融业能否互补和实现产融的良性结合，而不是将大量资本从实体产业转投向金融市场，尤其是虚拟资本市场。实现"产"与"融"二者之间的协调发展才是必由之路。

（3）为发展壮大国有经济，政府有实施产融结合实现机制的动力。就我国而言，当前仍然处于社会主义初级阶段。社会主义初级阶段的经济制度是以公有制为主体、多种所有制经济共同发展。生产资料的社会主义公有制，即全民所有制和劳动群众集体所有制。全民所有制经济又称国有经济，是国民经济的主导力量，是社会主义公有制经济的重要成分，主要包括中央和地方各级国家机关使用国有资产投资举办的企业。目前我国的国有企业主要是由中央和地方各级国有资产监督管理委员会履行出资人职责，负责监督管理国有资产的保值增值，以及推动国有经济结构和布局的战略性调整等多方面的职责。

从政府发展经济的职能来看，国有资产的保值增值是政府经营国有企业的重要职责。产融结合作为企业集团做大做强的一种重要战略，因而政府有激励实施产融结合实现机制的动因，鼓励国有企业集团做大做强做优，增强竞争力，实现国有资产的增值保值。因此，为发展壮大国有经济，政府有激励实施产融结合实现机制的动因。

（4）为优化资源配置，政府有实施产融结合实现机制的动力。产融结合机制的建立可以充当起资金、信息、人事等资源在实体产业与金融产业、实体组织与金融业组织之间流动的纽带，起到优化一个国家或者地区资源配置的功能，提高经济运行的效率，促进产业、地区、经济组织的均衡发展，改变长期以来资源较多地集中于部分金融机构和企业运转的局面，从整体上改善社会资金配置结构，形成资金多元化、风险分散化的格局。产融结合所实现的对资本最优配置的功能在宏观上起到了促进经济发展的重要作用。有鉴于此，在经济政策的制定中，政府有激励实施产融结合战略。

综上，为了增强本国的国际经济竞争力，发展壮大国有经济，协调实体经济和虚拟经济的关系以及优化资源配置，政府有实施产融结合实现机制的动力。

6.1.3 产业层面的解析

从产业层面对产融结合实现动因的分析，主要从产业结构和产业融合两个层面展开。

1. 产业结构

产业结构与金融业发展水平之间的关系问题受到了学术界长期的较多关注。大多数研究都认同一个国家或者地区的金融发展水平对产业结构的变动具有促进作用。例如，莱文（Levine，2001）研究认为地区间金融结构的差异对国家间经济总量的增长差异不会产生影响，但能够影响不同行业的增长，也即认为金融发展不会影响总体经济增长但会影响产业发展[1]；傅进、吴小平（2005）研究了金融发展推动产业结构调整的三个作用机制，即金融发展的信用催化、资金导向和资金形成[2]；王定祥等（2013）研究发现金融结构与产业结构之间存在较高的相关性，且随着经济货币化程度的提高而降低[3]。

金融对经济生活的高渗透性和高新技术的飞速发展成为当代经济的两个显著特征，二者共同构成推动新经济发展的两个"轮子"。高科技产业的发展离不开金融的支持。如果没有金融的支撑，创新资金难以募集，创业创新的风险不能得到有效承担和分散，新科技成果难以转化，造成资源的闲置和浪费。金融业的良性发展可以起到优化资源配置和促进高新技术发展的作用。

充裕的资本是任何一个经济体经济发展的主要动力之一，对处于发展阶段的发展中国家来说，资本更是经济发展的主要源动力。经济发展的过程不仅表现为经济总量的增长，而且还反映在经济结构的调整中。经济结构调整的过程实质上是资本优化配置的过程。经济发展的过程从资本的角度而言，表现为资本在数量上扩张和质量上提升。金融市场是金融业发展的基础。金融市场具有分散资本风险和价格发现功能，可以有效配置社会资本，促进经济发展。从理论研究和实际发展来看，金融市场的合理结构主要包括：有效的分散产品和技术创新风险的股票市场，股票市场既要有

---

① Levine R. International Financial Liberalization and Economic Growth [J]. Review of International Economics, 2001, 9 (4): 688 – 702.

② 傅进, 吴小平. 金融影响产业结构调整的机理分析 [J]. 金融纵横, 2005 (2): 30 – 34.

③ 王定祥, 吴代红, 王小华. 中国金融发展与产业结构优化的实证研究——基于金融资本视角 [J]. 西安交通大学学报（社会科学版）, 2013 (9): 1 – 6.

主板市场和债券市场又要有二板市场、三板市场和风险投资市场；既要有能为大企业提供大规模长短期融资的大银行，又要有能够为中小微企业提供金融服务的区域性中小银行和其他中小型金融机构。

转变经济发展方式和调整经济结构，是我国经济新常态背景下经济发展的主题。产业结构的优化和升级是我国经济结构调整的重点内容。根据产业经济学的相关理论，产业结构存在由以第一产业为主逐步向以第二产业为主转变，再向以第三产业为主演进的规律。产业结构的调整是我国经济发展的中心内容，金融产业的发展能有效促进产业结构升级。在提高产业技术创新能力和实现产业升级方面，金融产业具有重要作用。例如，银行业将新增贷款积极用于支持高新技术和先进实用技术改造与发展优势产业，可以大力推进产业结构优化升级，引致产业结构发生质的演进。

产融结合中的"产"主要指的就是产业资本。随着经济的不断发展、产业结构的变迁，以服务业为代表的第三产业在总体经济中所占比重逐步超越以工业为代表的第二产业在总体经济中的比重。马克思曾明确指出，产业已经不再局限于物质生产部门，还必须包含非物质生产部门，即指国民经济的各部门。可见，在马克思看来，产业是同生产资本相似的一种资本表现形式，产业转移实质为资本的流动。本书赞同我国经济学者吴大琨先生的观点，产融结合的产业资本也要做扩大解释，可以解释为包括农业、制造业、交通运输业、工业服务业、新兴产业等除金融业以外的其他产业资本。从宏观角度而言，全部产业可以分为金融产业与非金融产业（包括第一、第二产业和第三产业中的部分产业）两个方面。而通过金融市场机制的作用，产融结合实现若能得到合理推行，既会促进一国金融市场的健康成长，又会推进一国经济的不断发展。

2. 产业融合

在以传统工业化为基础的产业经济中，以固定化产业边界为特征的产业分立是一个普遍性的现象，并在很大程度上构成了产业经济的运行基础。然而，随着生产力的发展，特别是高新技术的发展，细分产业间又出现了融合的趋势。随着信息化程度的加深，信息产业的融合就是一个典型案例，如电信、广播电视和出版三大产业的融合。从产业间关系来看，产业融合是通过技术革新和放宽限制来降低行业间的壁垒，加强各行业企业间的竞争合作关系。其实，早在信息产业融合之前，一些大型实业企业集团和金融企业集团之间及实业企业集团内部就已经开始了实体产业与金融产业价值链间的部分融合，进而实现了人事、信息的融合。产融结合从产业融合的视角看应该属于最早的产业融合。

上面的分析表明，通过金融市场机制的作用，产融结合若能得到合理推行，可以促进金融市场的发展和完善，推动实体产业经济的不断发展。

综上所述，从资本、组织和产业三个层面研究了产融结合实现机制的内在动因和规律。产业资本和金融业资本的融合，即产融结合仍然是更好地服务资本增值自身、获取剩余价值的本性。资本的增殖和扩张本性是产融结合的原动力，产融结合是在资本的运动与循环过程中裂变的基础上的融合。产融结合可以满足实体产业企业获得更多信贷支持，增强财务灵活性；可以提高实体企业盈利水平；可以满足实体企业对综合化金融服务的需要；可以满足企业多元化经营的需要，降低交易成本和风险水平；可以产生协同效应，实现实体产业与金融产业的优势互补。上述五个方面构成了企业组织实施产融结合的具体动因。为了发展国有经济，增强国家或者地区的国际经济竞争力，协调实体经济和虚拟经济的关系以及优化资源配置，政府有激励实施产融结合实现机制。通过金融市场机制的作用，产融结合实现若能得到合理推行，一方面可以优化产业结构，另一方面会促进金融市场的健康成长，进而持续不断地推进一国或者地区经济结构优化升级。

6.2 中国产融结合实现动力机制的现状与问题

6.2.1 中国产融结合实现动力机制的现状

资本的增殖和扩张本性是产融结合实现的最本质、最原始的动力。企业追逐利润最大化是企业组织实现产融结合的内在动力。政府为了发展经济引导企业集团实现产融结合的拉力和生产技术水平引致产业结构优化升级实现产融结合的推力是产融结合实现的外力。产融结合实现的这三个方面动力具有一般性。但产融结合实现的动力往往会因为一个国家的国情或者地区的实际情况、经济发展的不同阶段和内外部环境的变化表现出具体性、多样性。

就我国而言，总体上的发展水平还属于发展中国家，目前处于且还将长期处于社会主义初级阶段。社会主义市场经济体制已经建立，但还需要不断完善。根据美国哈佛大学商学院教授迈克尔·波特在《国家的竞争优势》一书中提出的经济发展四个阶段理论，即生产要素导向阶段、投资导向阶段、创新导向阶段和富裕导向阶段，我国经济目前正处于从第二阶段向第三阶段转变的过程中。因此就目前我国产融结合实现的动力机制来看，主要有以下几个方面的动力。

1. 经济全球化加深的外部压力

随着经济全球化程度的逐步加深，我国早在 2001 年就已经加入世界贸易组织，目前作为全球第二大经济体，已经深度融入世界经济发展的潮流中。因此我国的企业组织不仅要面对来自传统的国内企业组织竞争的压力，还有来自国际层面企业组织竞争的压力。

全球 500 家最大的企业集团中，约有 80% 以上的企业已经实现了产融结合，成为真正意义上的产融结合型企业集团。[①] 这些产融结合型企业集团往往提供优质的产品和服务，具有卓越的技术水平，资金实力雄厚，管理经验丰富，销售渠道畅通，市场竞争力强，善于发挥和利用国际国内两个市场配置资源，开展跨国经营。作为发展中国家的企业组织面对来自国际层面产融结合型跨国企业集团的竞争压力，我国的企业集团必须尽快提升自身的国际竞争力，走超常规发展的路径。国外大型企业集团成长发展的历史经验表明，产融结合是企业实现超常规发展，成长为大型企业集团的可行之路。通过产业资本和金融业资本的融合可以突破企业自身资本积累的成长极限，实现超常规发展。

因此，随着经济全球化程度的日益加深，我国企业在对外经济关系中面对日益激烈的竞争，必须走产融结合之路，实现超常规发展。经济全球

---

① 苏云成. 中央企业产融结合研究 [D]. 北京：财政部财政科学研究所，2012：1.

化程度的日益加深成为当前我国企业组织实施产融结合的外部动力。

2. 金融行业高利润率引发的原始动力

1992 年，党的十四大正式提出"我国经济体制改革的目标是建立社会主义市场经济体制"。由于我国的社会主义市场经济起步晚，发展还不够完备，金融行业长期实行较为严格的管制政策，使得金融牌照一牌难求，牌照资源稀缺。由于金融行业严格的市场准入和高门槛，我国金融行业一直处于相对垄断的地位，导致较长时间以来我国金融行业的平均利润水平高于其他行业，其利润高于全国的行业平均利润。据有关方面的计算，多年来我国上市公司行业平均净资产收益率为 9.03%，同期证券公司等金融行业的平均净资产收益率（股东权益收益率）为 24.48%，远远高于同期上市公司平均净资产收益率。[①]

金融行业获取的高于行业平均利润刺激了产业企业实施产融结合追逐利润最大化的原始动力。由金融行业高利润率引发的由产到融的产融结合构成了我国 20 世纪 90 年代以来许多大型企业集团实施产融结合的主要动因。

3. 破解融资难困境，寻求融资新路径的推力

在我国，无论是国有企业还是民营企业都普遍遇到过融资难、融资贵和融资慢的问题。从融资渠道来看，我国企业过于依赖银行类金融机构，融资渠道单一狭窄。绝大多数中小企业的融资主要依赖金融机构的贷款。据有关问卷跟踪调查表明，75% 的民营企业经营者将企业产融结合的首要原因归之于"融资困难"[②]。中国企业家调查系统对全国 4526 位企业经营者的问卷跟踪调查显示，企业家进行产融结合的主要动机中为"获得更多的信贷支持，增强财务的灵活性"占比超过半数，占 50.2%；在中西部地区的企业家中表现更明显，有超过 60% 的企业家表示产融结合实现的动机是为了"获得更多的信贷支持，增强财务的灵活性"。这表明，相当部分企业实现产融结合的动机是为了破解融资难的问题，通过产融结合在一定

---

① 方宏.我国产业资本向金融资本扩张的动因分析［J］.消费导刊，2008（5）：72.

② 翁秀莉，王文文.我国企业产融结合的现状与对策［N］.财会信报，2009－12－28.

程度上是为了获得关联贷款，这与我国整体上仍然还存在"融资难、融资贵、融资慢"的现象和大多数企业发展处于上升期对资金的渴求紧密相关。

实体企业为了获得更多的信贷支持、破解融资难题和增强财务灵活性而实现产融结合的动因，构成了 20 世纪 90 年代以来我国企业组织实现产融结合的直接动因。

4. 企业寻求多元化发展的牵引力

改革开放以后，一部分企业抓住了国家释放的政策红利和经济体制改革的机遇，通过提供适销对路的产品和优质的服务，深化内部管理，企业规模迅速扩大，发展成为区域性和行业内的知名企业集团。

企业发展达到一定规模后，出于分散风险和寻求新的利润增长点，往往采取多元化经营策略，进一步提高经营质量和效益。产融结合是企业做强做大的重要抓手。产融结合不仅使产业资本进入了金融领域，同时也可以解决企业发展过程中的资金难题，可谓一举多得。产融结合后，除了可以借助金融资源拓宽企业的融资路径，还可以获得金融机构专业化的业务咨询、信息沟通和其他专业指导，降低企业快速扩张中的财务风险和经营风险。另外，如果企业集团通过内部的财务公司、信托公司、租赁公司等金融子公司提供各种服务，则可以将资本外部循环内部化，有效降低成本，增加企业利润，有利于企业谋求市场竞争优势，提升竞争力。

根据美国哈佛大学商学院教授迈克尔·波特的经济发展四个阶段理论，即生产要素导向阶段、投资导向阶段、创新导向阶段和富裕导向阶段，我国经济经过几十年的快速发展，已经走过生产要素导向阶段，目前正处于从投资导向阶段向创新阶段转变的进程中。从我国经济发展经历的阶段和我国产融结合的实际运行来看，我国实现产融结合的企业主体主要是国有大型企业集团和具有行业、地域优势的民营企业集团。这些企业集团起初主要是在破解融资难困境，寻求融资新路径的推力和金融行业高利润率引发的追逐资本增值的原始动力的作用下实现产融结合。后来随着经济全球化程度的加深和我国整体上经济由投资导向阶段向创新阶段发展，企业组织开始有了在来自外部竞争的压力和谋求多元化发展的牵引力的作用下实施产融结合的动力。

6.2.2 中国产融结合实现动力机制存在的问题

我国产融结合动力机制主要存在的问题可以从以下三个层面来分析。

第一，从企业组织层面来看，我国部分企业在来自经济全球化等外部动因的倒逼下，从追逐利润最大化的最原始动力出发，走上了产融结合之路。从实现产融结合动因的层级来看，大多数企业最初为了破解融资难困境，以获取信贷支持和攫取金融业的高利润走上了产融结合之路。为攫取金融业的高利润和为获得便利的信贷支持的产融结合动因属于初级层次的动因。以获取综合化金融服务、多元化发展、产业协同的中高级产融结合动因还较少。

第二，从政府层面来看，为了增强本国的国际经济竞争力，发展壮大国有经济，协调实体经济和虚拟经济的关系以及优化资源配置，我国政府有激励实施产融结合实现机制的动因。但在产融结合的实际运行中，产融结合目前还主要表现为企业的自主行为，政府的政策引导还不明确，缺乏切实可行的举措。

第三，从产业层面来看，金融发展助推产业结构优化升级，产业结构的优化升级也会推动金融业的发展。通过金融市场机制的作用，产融结合若能得到合理推行，可以促进金融市场的发展和完善，推动实体产业经济的不断发展。从目前我国的实际情况来看，由于我国的金融市场还不够完备，金融对经济生活的渗透性还需要提高，特别是金融对高新技术发展的支撑作用和对中小企业的支持作用。

因此，我国产融结合实现动力机制存在的问题既表现在企业组织、政府和产业等内外部层面中的某个方面，而且内外部之间以及三个层面之间尚不具备协同性。

6.3 构建中国产融结合实现动力机制的对策

理论和实证研究表明，我国的产融结合主要表现为企业的自发行为，政府虽有激励推行产融结合，但政府在推动产融结合中的作用还不明显。金融业对实体产业特别是高新技术产业和中小型企业的支持力度不够，两者之间的结合不紧密。为此，既要提升企业产融结合动因的层次，又要充分发挥政府、产业和企业组织之间在推动产融结合实现中的协同作用，构建我国产融产融结合实现的动力机制系统。

1. 提升企业产融结合动因的层级，鼓励企业以获取综合化金融服务、多元化发展和产业协同实现产融结合

企业是产融结合实现的主体，充分发挥企业组织在产融结合实现中的主体作用是构建我国产融结合实现动力机制的关键。由于产融结合是社会化大生产发展的趋势，为此必须深入研究和运用产融结合实现的规律，转变企业组织在产融结合中的自发行为，将其自发性产融结合行为上升为企业自觉自主的内在要求。企业为了破解融资困境，以获取信贷支持和攫取金融业高利润的产融结合动因往往是企业的自发行为，因而要引导企业组织以获取综合化金融服务、多元化发展、产业协同等动因实现产融结合，提升企业组织产融结合动因的层级，实现产业资本与金融业资本的协同，把企业做强做优做大。

2. 提高产融结合程度，实现产融的实质性结合

以攫取金融业高利润和获取融资便利等短期经济利益为目的而实现产融结合的企业集团，往往产融结合实现的程度都较低。由于产融结合实现程度低，企业集团对金融子公司缺乏决策参与权和控制权。因此，企业集团无法有效地整合金融资源以达到产业资本与金融业资本的协同互动。如果只是以"产融结合"之名行"财务投资"之实，则会放大风险，引致风险叠加效应，危及其主导业务。因此只有以主业为前提和基础，以获取规模效应、协同效应等为目的，详细计划、周密安排，提高产融结合程度，实现企业集团产融的实质性结合，才有可能保障产融结合目标的实现。

3. 以国家战略为指引，制定政策，引领产融结合实现的发展方向

在政府层面虽然有国资委领导明确表示支持具备条件的企业探索产融

结合，首次肯定了央企进行产融结合。但截至目前，我国还没有明确的产融结合政策。因此，当前应对我国企业集团产融结合实现的发展方向给予指导。以国家战略为指引，发挥政府之手的功能，制定有效的产业政策、货币政策、财政政策、信贷政策、税收政策等，充分运用经济手段的调控功能，动态调整产融结合支持的产业方向，引导战略性新兴产业等优势产业和重点实体部门与金融部门融合发展。

4. 协同产融结合中企业组织的原生动力、政府的拉力和产业发展的推力，构建产融结合实现的动力机制系统

随着经济全球化和经济金融化的发展，产融结合成为企业组织发展的内在要求。企业组织实现产融结合离不开政府的支持。政府为发展本国经济，有动力引导产融结合的发展。政府的拉力作用主要体现在产融结合相关政策的制定上。社会主义市场经济既要发挥市场在资源配置中的决定性作用，发挥企业的主体作用，又要更好发挥政府的作用。政府要尊重市场规律，发挥产融结合实现机制在优化资源配置、产业结构优化升级等方面的积极作用。制定规范产融结合发展的政策，构筑产融结合实现的政策支撑体系。

近年来，以互联网为核心的新科技革命和新产业革命推动经济飞速发展、经济组织形式快速变革。互联网与信息技术改造最显著和最深刻的领域是金融行业。金融行业对产业经济的渗透率不断提高，高新技术产业对金融业的服务要求不断提高，因而产业发展对产融结合具有推力。产业结构的优化和升级是我国经济发展新常态背景下经济结构调整的重点内容。产业结构的变革助推产融结合的发展。产融结合可以在一定程度上助推产业结构的优化和升级。

为此，当前我国亟须协同产融结合中企业组织的原生动力、政府的拉力和产业发展的推力，构建产融结合实现的动力机制系统。

第7章

中国产融结合实现的运行机制

　　产融结合运行机制是产融结合实现后产业资本与金融业资本之间、产融结合组织内部以及产融结合组织与外部组织之间、实体产业与金融业之间相互影响和相互作用的过程。产融结合实现的运行机制是产融结合实现的中心环节。本章首先从资本、组织和产业三个层面对产融结合运行机制进行理论解析，其次考察中国产融结合运行机制的现状与存在的问题，最后提出构建中国产融结合实现运行机制的对策。

7.1　产融结合运行机制的理论解析

7.1.1　资本层面

　　资本层面的结合是产融结合实现的本质。产业资本与金融业资本的良性结合是产融结合运行机制的基础。产业资本和金融业资本是性质完全不同的两种资本，两者具有完全不同的运动规律。如果不顾二者不同的运作规律，盲目结合，必将导致产融结合运行不畅。如果充分发挥产业资本与金融业资本的各自优势，合理配置，做到优势互补，则可以带来协同效应。

　　产业资本与金融业资本配置的最佳比例从理论上来讲应当是使边际收益和规避风险带来的边际成本相等时的比例，但在现实中是很难找到这一比例。如果金融业资本配置比例过低，那么金融业资本对产业资本就起不到应有的支持作用，无法实现产融结合的功能，只能成为谋求金融业高利润的一种手段；如果金融业资本配置的比例过高，对产业资本产生挤出效应，导致产融结合型企业偏离甚至放弃核心业务，导致产业空心化，这样就偏离了产融结合本来的功能。

李革森以我国上市公司为例，从实证的角度研究了金融企业股东参股比例与产融结合型上市公司经营绩效的关系，研究认为金融企业参股比例与上市公司经营绩效的相关程度会随着参股比例的上升而增强，而且当参股比例超过一定临界值（10%）以后上市公司的收益水平会随参股比例的提高而显著上升。[①] 张静琼、娄淑珍以浙江上市企业为样本，通过建立股权型产融结合的上市公司绩效与其影响因素之间的计量模型，实证研究了金融企业参股比例与股权型产融结合公司的绩效的关系，研究结论认为在实施产融结合过程中应当尽量避免低于5%的投机性产融结合和高于20%的高风险性产融结合的方式，参股比例过高或过低都对企业的绩效发展没有明显的促进作用；而在5%～20%的参股比例范围内，企业的产融结合程度越高，企业的绩效提升越快，因此企业应该根据企业发展的实际情况，控制自身的产融结合程度，在有限的资源下做到使有限资源产生最大化的效益，以实现企业的稳定高速发展[②]。杜传忠等以中国2003～2012年参股上市金融机构的工业企业上市公司为样本，运用序列DEA及Tobit回归模型对产融结合的效率变动进行实证研究，结论认为资本形成能力的提高对工业企业上市公司核心业务发展具有明显的推动作用，产融结合的收益来源于产业资本与金融业资本的深层互动带来的综合效率提升。参股比例的提高对工业企业上市公司生产效率提升具有显著的正效应，当参股比例超过5%时，参股比例与综合效率、生产效率均呈现出显著的正相关性，产融结合综合效益开始凸显[③]。

---

① 李革森. 我国产融结合的绩效检验——来自证券市场的证据［J］. 开放导报，2004（2）：101-103.

② 张静琼，娄淑珍. 股权型企业产融结合绩效影响因素研究——浙江实证［J］. 改革与开放，2016（23）：22-24.

③ 杜传忠，王飞，蒋伊菲. 中国工业上市公司产融结合的动因及效率分析——基于参股上市金融机构的视角［J］. 经济与管理研究，2014（4）：84-90.

因此，资本配置合理既包括产业资本与金融业资本配置数量上比例的合理，还包括产业资本与金融资本配置功能上的协调。产业资本与金融业资本配置数量上比例的合理是产业资本与金融业资本配置功能上协调的基础，产业资本与金融资本配置功能上的协调是产融结合实现的目的所在。为此，产业资本与金融业资本的合理配置是产融结合运行机制的基础。

7.1.2 组织层面

组织层面的结合是产融结合运行机制的组织保障。产融结合运行的组织保障包括两个方面：一是组织协调，指产融结合组织内部之间以及产融结合组织内部与外部组织之间的协调；二是监管到位，指产融结合组织内部的自我监督与外部监管组织对产融结合企业组织的监管既不缺位，也不越位。

1. 组织协调

产融结合组织是实现产融结合功能的载体，组织层面的结合是资本层面结合的结果和组织保证。产业资本与金融业资本结合后组成产融结合型企业集团，通过集团化运作能够有效地推动产融结合的发展。组织协调主要包括产融结合组织内部的协调和产融结合组织外部的协调。产融结合组织内部的协调主要包括：产融结合组织的母公司和金融业子公司之间、母公司与工商产业子公司之间、金融业子公司与产业子公司之间、不同行业背景的金融业子公司之间。产融结合组织内部协调的内容是经营的协调、业务的协调、人事的协调、信息咨询的协调等。产融结合组织外部协调主要包括产融结合组织与政府监管组织、产融结合组织与第三方监管机构、产融结合组织与其上下游厂商之间关系的协调。其中，产融结合组织内部的协调是产融组织协调的根本。总之，组织协调是产融结合运行机制的根本保障，没有组织的协调，产融结合不能有效运行。

2. 监管到位

监管到位是产融结合运行机制的外部保障。监管到位首先是监管组织及其机构职责明确，监管机构不缺位；其次是监管功能明确，既没有监管真空又没有监管重叠；最后是监管程序清楚，监管要贯穿于产融结合运行的全过程。既要有行业主管机构的事前、事中和事后的监管，又要有产融结合组织内部的自我监管，还要引入第三方机构的专业监督和社会组织的舆论监督，形成内外部监管合力，保障产融结合的顺畅运行。

7.1.3 产业层面

产业层面的结合主要表现为金融业和工商等实体产业之间的产业协同关系。产业协同是产融结合运行机制的目的和理想状态。产融结合的根本原因也在于要发挥实体产业和金融产业的各自优势。金融产业要充分利用实体产业在长年发展中积累的品牌效应、营销网络、客户资源、行业背景等资源。这些资源对于产融结合型企业集团开展金融业务、发展金融产业，具有得天独厚的优势，可以有效推动企业金融业务的发展。另外，金融业机构在资金、信息、金融技术等方面具有专业优势，实体产业可以借助金融机构在这些方面的专业优势，提高金融业对产业的渗透率，延展实体产业链条。产融结合型企业集团可以借助金融业平台，整合企业各个方面的资源，提升资金使用效益，拓宽融资范围。

充分发挥金融产业与工商实体产业的产业协同优势，产融结合运行才能顺畅，产融结合实现才能成功。例如，通用电气产融结合的成功之处就在于充分发挥了金融产业对其核心制造业的渗透和支撑功能。GE 金融提供的商用设备融资、医疗保健融资、消费者融资，对应的就是 GE 相关制造业产品线。GE 金融板块促进 GE 制造业主业销量上升，也相应降低了 GE 相关金融业务风险。GE 充分发挥了金融产业与工商实体产业的产业协同效应，二者相辅相成，为企业发展提供持久动力。

又如我国的中粮集团，在做强做大农业主业的同时，近年来也发挥了金融业对主业农业发展的支撑作用。2007 年，中粮集团作为战略投资者参股大庆市商业银行，实现了产融结合。中粮集团充分利用全产业链优势开展农业供应链贷款业务，为产业链上各环节的关联企业，提供特色金融服务，进而提高了全产业链的投资效率。

如果产融结合不能处理好实体产业与金融产业之间的关系，产融之间不协同，往往会导致产融结合的失败。因此，产业层面产融的协调是产融结合实现成功运行的保障。

7.2 中国产融结合实现运行机制的现状 与存在的问题

资本配置合理、组织协调、产业协同和监管到位是产融结合运行的基础与保障。产融结合运行会对一个国家或者地区的经济发展产生整体上的影响，也会对行业或者企业集团本身产生诸多影响，我们把这些影响统称为产融结合运行的经济效应。产融结合运行的经济效应既有宏观效应，又有微观效应；既有正面效应，也有负面效应。本书对产融结合运行的现状与存在问题的研究主要考察产融结合运行从宏观上对国家经济发展和微观上对企业组织、行业发展的影响。在分析产融结合运行的应然状态和实然现状中，指明我国产融结合运行的现状与存在的问题。

7.2.1 中国产融结合实现运行机制的现状

1. 产融结合运行机制助推我国经济发展的宏观效应初步显现

经济发展指一个国家或者地区不仅是经济数量的增加和经济规模的扩张，而且还包括经济质量的提升和优化，即经济效益的提高、经济结构的优化和社会质量的提升。经济发展既包括经济总量的增长，也包括经济结构的改善。从资本层面来看，经济发展的过程不仅是一个资本在规模和数量上扩张的过程，而且是一个资本结构优化、功能配置合理、质量提升的过程。市场经济体制是产融结合机制的体制基础。产业资本和金融业资本通过市场机制的作用联接融合。二者的结合整体上会对一个国家资本的数量配置、功能组合产生重大的影响，进而影响到一个国家整体资本的质量。

产业资本与金融业资本结合的增殖目的，构成了产融结合运行助推经济发展效应的基础。产业资本与金融业资本结合的根本目的是实现资本的增殖。产融结合实现后，产融顺畅运行能给产融结合企业集团带来稳定可靠的收益。成功有效的产融结合能为参与各方带来可观的回报，就整个国家或地区来说，带来经济总量的增长。

金融业资本与产业资本通过市场机制作用的结合，具有优化资源配置的功能。金融业资本与产业资本的双向流动和开放，可以改变金融业资本集中在某些金融机构运作和滞留在某些产业机构的局面，把金融业资本配置到最需要、最有前景、最有效益的产业资本中来。从整体上改善社会资金结构，形成资金多元化、风险分散化的资金配置格局。金融业资本和产业资本的合理配置可以从整体上引导全社会的资金、技术、人才等各种要素的合理流动和优化配置，改善产业结构、地区结构、企业结构等经济结构，保障经济发展质量，为经济发展指明方向。

产融结合运行的优化资源配置功能，激发生产要素合理流动，改善产业结构，提升经济质量，助推经济发展。产融结合运行对经济发展的宏观正效应，在德国、日本、美国、韩国等资本主义发达国家的经济发展中都曾起到明显的作用。由于我国的产融结合起步较晚，产融结合运行还处于初级发展阶段，整体上助推经济发展的效应尚不明显。但产融结合运行的经济效应在我国的一些行业、一些地域、一些企业集团发展中已经开始逐步显现。

2. 产融结合运行机制助推我国经济发展的微观效应明显

（1）助推企业集团化发展。经济全球化程度日益加深，国家与国家之间的竞争日益激烈。国家与国家之间的竞争主要表现在经济竞争力上；而国家的经济竞争力主要体现在大型企业集团的竞争力上。企业集团的竞争力是国家经济实力的基础。

国际上发达经济体和大型企业集团的发展经验表明，产融结合能够有效助推企业集团化发展。在产品、市场、管理等方面积累了一定的行业经验，具有一定规模的实体企业，通过与金融产业的结合，组成产融结合型企业集团，可以取得资金、人才、信息、管理等方面的资源，获得规模与效益的同步增长，实现企业集团的长期稳定发展。因此，实现产融结合是助推企业集团化发展的一种非常有效的方式。

产融结合运行对我国央企中的绝大多数、地方国有企业集团和民营企业集团中的一部分大型企业集团的培育、形成和壮大起到了重要的支撑作用。《财富》杂志世界 500 强排行榜表明，1995 年我国只有中国银行、中化集团和中粮集团 3 家企业进入榜单。2012 年，我国上榜公司数量一举达到 69 家，首次超过日本，仅次于美国的 132 家，成为除美国以外上榜公司数量最多的国家。2016 年世界 500 强企业名单，中国上榜企业继续保持增长态势，达到 110 家，比上年度增加 4 家，上榜企业数量继续位居世界第二位，与美国上榜企业数量的差距也进一步缩小①。上榜企业集团中大多数都是产融结合型企业集团。我国各种类型的企业集团争相实现产融结合。

（2）助推交易成本降低和资金融通效率提高。产融结合型企业集团的实体类产业发展过程中，必然要产生大量的外部金融业务。企业集团借助金融平台，可以把集团原本需支出的金融业务成本内部化，从而节约了交易成本，相应增加了企业集团的利润。例如，我国萌发最早的产融结合形式——集团财务公司。东风汽车财务有限公司是我国设立的第一家企业集团财务公司。自东风汽车财务公司成立以来的 30 多年来，我国经批准成立的财务公司达到 107 家，行业资产从 1987 年的 20 亿元发展到 2010 年的 15776.31 亿元，实现全年利润 262 亿元②。

在产融结合实现的运行过程中，产融双方的利益紧密相关，产融双方业务经营相互协作、相互监督。产融结合企业集团中产业企业可以获得稳定的信贷资金，保障其经营的顺利进行。银行、保险等金融业机构也可以借助实体产业的品牌、客户、渠道等，不断开拓新的业务种类，更好地进行资产组合选择，提高资金营运效率。

7.2.2 中国产融结合运行机制存在的问题

1. 产融结合运行机制对我国经济发展的宏观负效应

（1）产融结合运行机制引致垄断。金融资本是产融结合运行的结果。

---

① 由笔者根据《财富》杂志发布的历年世界 500 强资料整理。
② 郝红霞. 企业集团财务公司的现状及前景［J］. 财经界（学术版），2013（6）：191.

列宁对金融资本的定义堪称经典，他认为"生产的集中；从集中生产起来的垄断；银行和工业日益融合或者说长合在一起——这就是金融资本产生的历史和这一概念的内容"。① 列宁认为金融资本的本质就是垄断。实际上产融结合的过程总是伴随着生产集中和垄断。产融结合是企业走向规模经济，做大做强的客观要求。产融结合运行带来规模经济效应、范围经济效应和协同经济效应的同时，也会引致垄断。孙晋、冯艳楠认为产融结合引致经营者过度集中，经营者过度集中给经济发展带来四个方面潜在威胁，即导致市场机制失灵、技术发展迟缓和管理质量欠佳、封闭特定市场和不利于消费者福利增长②。市场集中化程度的大幅度提高，导致某些行业、某些领域、某些地域市场竞争减弱，进而形成局部性垄断。产融型企业集团必然会利用其垄断地位，限制竞争。

实际上，从产融结合在欧美等市场经济发达国家一百多年的实践来看，这些国家都非常重视采用经济手段、法律手段规范产融结合运行导致的垄断，以保障实现产融结合的顺畅运行。

由于我国的产融结合起步较晚，产融结合运行正处于初级发展阶段。一些企业集团先后实现了产融结合，产融结合成为企业走向规模经济，做大做强的重要路径。近年来，产融结合运行引致的垄断现象在个别行业、个别产融结合型企业集团开始显现，如钢铁、大型机械制造、有色冶金、石化、家电等市场。

因此，在产融结合运行的过程中，产融结合运行产生规模经济和范围经济效应的同时，带来垄断、过度集中等弊端，需要适当规制，有效避免。

（2）产融结合运行机制诱致经济的过度虚拟化。随着经济金融化程度的日益加深，以金融体系为内核的虚拟经济快速发展。虚拟经济的产生源于实体经济发展的内在需求，是伴随着全球金融市场虚拟化程度的不断提高而出现的。虚拟经济与实体经济之间是一种对立统一的关系。虚拟经济一方面以实体经济为基础，对实体经济具有依附性和派生性；另一方面虚

---

① 列宁. 帝国主义是资本主义的最高阶段［M］. 北京：人民出版社，2001：39.

② 孙晋，冯艳楠. 产融结合的经济力过度集中及其反垄断规制［J］. 上海交通大学学报（哲学社会科学版），2010（1）：17-30.

拟经济又具有相对独立性。因此虚拟经济不能完全脱离实体经济而存在，而应该以实体经济为基础，更好地服务和促进实体经济的发展。由于虚拟经济的独立运行性，它反过来还会对实体经济产生极大的影响。

产业资本通过入股、参股、控股等方式实现与金融业资本的结合，固然有多种动因和目的，但产业资本实施产融结合的根本目的还是获得更多的利润。产业资本在循环往复的运动中，抽离出一定比例的原本用于扩大再生产的资本投资转化为金融业资本。这种资本性质的转化和剥离，必然会影响生产规模的扩大和其原有主业的发展。虽然短期内可能分享到金融业的高利润，但不利于其长远发展。

金融业资本的运动方式根本不同于产业资本，追逐短期高额利润是金融业资本的根本属性。产业资本投资金融业资本后，短期产业资本易受金融业资本逐利性的影响出现金融化倾向，有可能导致主业空心化、产业虚拟化。例如，产融结合型企业集团雅戈尔公司，原本是以服装起家并以服装为主业的上市公司，但在 2010 年左右出现了严重的主业空心化现象。在 2009～2010 年三年净利润的构成中，品牌服装所占比重均值为 26.40%，其中比重最低时为 2009 年的 13.64%，最高为 2011 年的 39.19%[①]。后来雅戈尔公司才及时调整公司经营战略，谋求回归传统品牌服装主业。由于我国产融结合发展起步晚，大多数企业集团最初实施产融结合的动因是为了获得更多信贷支持和分享金融产业的高利润。如果整个经济系统中大量的产业资本流入金融市场，这样的产融结合，在长期的运行中就会诱致国民经济的过度虚拟化。

近年来，我国金融业在经济中占比越来越高，金融资产规模和增长速度超越了实体经济。据相关数据表明，我国金融业增加值在 GDP 中的占比已经超过 9%。我国金融业资产规模已经超越了实体性财富总值。我国实体性财富的总价值大约 380 万亿元左右，金融资产的规模已经达到了近 450 万亿元（不含衍生品），差不多是 GDP 的 7 倍[②]。因而各种迹象显示我国经济的金融化程度已经偏高，经济已经出现过度虚拟化倾向。所以必须

---

① 张磊磊，王峰娟. 雅戈尔产融结合的风险与防范 [J]. 财务与会计（理财版），2013（4）：17.

② 杨成长. 我国经济过度金融化的八大症状 [N]. 上海证券报，2016 – 10 – 25.

重视产融结合运行中对经济过度虚拟化的影响。

（3）产融结合运行机制加剧经济运行风险。产融结合运行对一国或者地区的经济固然有许多正面的助推发展作用，但产融结合运行又是一把"双刃剑"，在助推经济发展的同时，也会加剧经济运行的风险。

产融结合型企业集团经营横跨工商产业和金融业。金融业的经营不同于工商等实体行业，具有收益高风险高的特征。金融风险往往猝不及防，不可避免。因此风险极易在金融产业与工商产业之间相互传递。加之产融结合型企业集团往往规模大、涉及面广，风险在集团内金融产业与实体产业间形成共振后，可能跨产业、跨区域传递。尤其随着全球经济一体化发展，产融结合运行加剧整体经济运行的风险不可低估。

（4）产融结合运行机制诱发道德风险。道德风险这个概念最初源于保险学，后来西方经济学把市场经济中各种投机取巧、欺诈违约等现象也叫作"道德风险"。制度经济学把市场经济中人们的偷懒和搭便车动机以及机会主义行为笼统称为道德风险。经济学家麦金农、皮尔和克鲁格曼等认为在政府免费保险且又监管不严的情况下，金融中介机构具有很强的从事风险投资的欲望而很少考虑投资项目的贷款风险。他们把亚洲金融危机爆发的原因归于金融机构引发的道德风险。政府保险引发的道德风险可能导致经济的过度投资，从而导致严重的资产泡沫和大量的无效投资。

银河证券研究部田书华认为我国许多企业之所以敢于搞产融结合，还在于它所蕴含的道德风险。因为金融机构出了问题，政府往往会施以援手，而纯粹的工商业企业出了问题是没有人救的[①]。我国的存款保险制度、金融机构的市场退出机制不健全，而金融机构的社会影响力又十分巨大。金融有传染性，一个出问题会影响一大片，涉及储户、保户、证券持有者这些广泛的民众，因此金融机构出了问题，如果出现经营困难，政府从稳定社会角度出发，不会坐视不管、任由其倒闭，而是千方百计予以救助。这样就相当于政府向金融机构提供了隐性的担保，容易引发产融结合运行蕴藏的道德风险。

---

① 郭玉志. 专访银河证券研究部研究员田书华——产融结合暗藏道德风险 [N]. 中国企业报，2011 - 04 - 19.

2. 产融结合运行机制对我国经济发展的微观负效应

（1）滋生关联交易风险。在市场经济条件下，关联交易大量存在于经济活动中。关联交易就是有关联关系的企业之间和企业内部发生的交易。关联交易在市场经济条件下大量存在，对经济活动的影响有利有弊。从有利的方面讲，交易双方因存在关联关系，可以节约因沟通谈判等方面造成的交易成本；可以运用行政力量保证交易执行，提高交易效率。从不利的方面讲，由于关联关系的存在，容易导致交易的价格、方式等在非竞争的条件下出现不公正情况，形成对股东或部分股东权益的侵犯和债权人利益受到损害。

在产融结合实现的条件下，产融结合型企业集团由于对金融子公司的参股控股，拥有决策参与权和控制权。集团母公司和内部其他子公司更容易从金融子公司获得贷款和其他业务便利，如此便弱化了金融机构对风险的控制能力。一旦某个公司的财务状况出现问题，由于关联交易的存在，风险必然波及金融子公司甚至整个企业集团。例如，1994 年，美国政府会计办公室（Government Accounting Office，GAO）发布了一份关于 1990 年和 1991 年银行经营失败的报告。报告指出，被调查的 286 件案例中，175 件存在内部贷款问题①。

因此，为加强审慎监管，规范商业银行关联交易行为，控制关联交易风险，促进商业银行安全、稳健运行。中国银行业监督管理委员会制定了《商业银行与内部人和股东关联交易管理办法》，自 2004 年 5 月 1 日起施行。根据《商业银行与内部人和股东关联交易管理办法》的规定，商业银行与关联法人之间发生的授信等关联交易要遵循四个方面的规定：第一，制定关联交易管理制度，设立关联交易控制委员会，负责关联交易的管理，及时审查和批准关联交易，控制关联交易风险；第二，贷款类型的限制，商业银行不得向关联方发放无担保贷款；第三，关联交易金额的限制，商业银行对一个关联方的授信余额不得超过商业银行资本净额的

---

① 祝继高. 银行与企业交叉持股的理论与依据——基于国际比较的研究 [J]. 国际金融研究，2012（2）：58 – 68.

10%，商业银行对一个关联法人或其他组织所在集团客户的授信余额总数不得超过商业银行资本净额的 15%，商业银行对全部关联方的授信余额不得超过商业银行资本净额的 50%；第四，信息披露要求，在会计报表附注中披露关联方和关联交易。

（2）放大财务杠杆。产融结合型集团公司的规模往往较为庞大，公司层级较多。母公司与子公司之间、子公司与子公司之间存在着复杂的股权结构关系。这种相互参股导致资本金重复计算，造成资本虚增，引致整个集团财务杠杆比例上升，抗风险能力下降。

7.3 构建中国产融结合实现运行机制的对策

由于我国产融结合实现起步较晚，产融结合运行时间不长，产融资本配置的合理程度、产融组织内部的协调程度、产业之间的协调度和监管的到位程度都还不够。但从我国产融结合运行的实际情况来看，产融结合运行助推产业结构改善，助推经济质量提升和助推经济发展的宏观效应初步显现。产融结合运行助推企业集团化发展的效应已经有所显现，大多数央企和一部分民营企业已经形成了集团化发展的模式，一些由证券业、保险业、银行业等组成的综合类金融集团形成壮大。产融结合运行助推交易成本降低和资金融通效率提高等微观效应也已经显现。但产融结合运行引发的道德风险、导致垄断的个案却已有发生，如滋生内部交易、加大财务杠杆等微观负效应也有显现。

为此，应依据产融结合的运行机制原理，推动我国产融结合实现的深化发展，构建我国产融结合的运行机制，引导产融结合运行发挥促进经济发展正效应，克服产融结合运行对经济发展的负效应。

1. 加强和完善产融结合运行机制的基础设施建设

资本市场能完善地发挥市场机制的作用，是产融结合运行的重要基础设施。资本市场以市场机制为基础，具有良好的交易机制和良好的交易平台，在促进资产的流动性、可交易性及资产的证券化等方面具有重要的作用。为了实现产融结合的有效运行，必须继续大力发展股票市场、国债市场，实现货币市场与股票市场有效率的连接，培育高效率的资本市场体系。经过二十余年的发展，我国已经构建起多层次的资本市场体系，为产融结合的运行奠定了基础。因此，应继续加强和完善资本市场建设，充分发挥资本市场在产融资源配置中的决定性作用。

2. 以实体产业为核心，提高实体产业和金融业运行的关联性，实现产融之间的良性互动

要坚持以实体产业为核心的原则实现产融结合。实体产业最本质的属性是从事实际产业工作，生产专门的产品和提供有效的服务，直接创造物质财富。金融业是为实体产业的运行服务的，金融业从属于实体产业，这一点是产融结合运行机制的根本。要提高实体产业和金融业运行的关联性，使二者有机融合，实现良性互动。发挥金融业的服务功能，推动实体产业实现产业规模与效益扩张并举，提高实体产业竞争力；以实体产业的发展助推金融业的深化，实现二者的良性互动。

3. 进一步优化产融资本配置，防止经济过度虚拟化

产融资本合理配置是产融结合运行机制的基础。产融资本的合理配置既包括产业资本与金融业资本数量上配置比例的合理，又包括产业资本与金融业资本功能配置上的协调。产融资本的合理配置既包括国家和地区层面的配置合理，又包括产融集团层面的合理配置。产融资本配置的合理性应该根据企业规模、行业属性、金融发展水平、监管体制等因素进行适度结合，以实现企业资本的战略扩张与竞争力的同步提升。国家层面从整体上进一步优化行业、地区产融资本配置，可以有效防止经济过度虚拟化，平衡地区之间产融经济发展水平，稳定经济运行。

4. 增进产融结合组织的协同度，加强监管

产融结合运行机制的协同首要的是产融结合组织内部的协同，包括产融结合母公司与金融子公司之间、实体产业子公司与金融子公司之间的协同；其次是产融结合组织与外部监管组织之间以及产融结合组织与外部中介组织、上下游厂商之间的协同；最后是外部监管组织对产融结合组织的监管也必须协同，防止监管真空和监管重叠。增进产融结合组织内外部的协调度和工商实体产业与金融业之间的产业协同度，加强监管，形成全方位和全过程监管格局，组成监管合力，保障产融结合顺畅运行。

第 **8** 章

中国产融结合实现的调控机制

产融结合作为企业经营策略，对于企业发展来讲，有促进企业做大做强做优的一面，但也暗藏着经营风险，经营不善可能引致企业亏损，甚至破产。因此必须针对产融结合实现的负面效应和可能带来的风险，进行有效调控，保障产融结合规范发展，发挥其促进经济发展、壮大企业成长的积极一面，调控其可能带来的风险。产融结合实现调控机制是产融结合实现机制的保障环节。

8.1 产融结合实现调控机制的理论解析

产融结合实现调控机制是指产融结合实现的调控主体采用调控手段作用于调控的内容，保障产融结合的实现和规范发展。产融结合实现调控机制包括三个主要要素：产融结合实现的调控主体、调控内容和调控手段。

8.1.1 产融结合实现调控机制的主体

产融结合横跨工商产业和金融业两个领域，开展多元化经营，牵涉多个利益主体，受到多方监管。因此，产融结合实现机制的构建，首先必须明确其调控主体，即由谁来保障产融结合实现。产融结合实现的调控主体包括政府、行业监管组织、第三方组织、产融结合集团。产融结合实现的调控根据调控机理可以分为外部调控主体和内部调控主体。外部调控主体主要包括政府、行业监管组织和第三方组织等其他社会机构。

外部调控主体根据作用机理又可以分为宏观调控主体和外部支持主体两类。宏观调控主体，指不直接参与产融结合实现的各个具体环节，只是从外部及宏观层面对产融结合实现进行指导和调控，并提供良好的制度环境，这类主体主要是指政府，包括中央政府和各级地方政府，还包括各级政府主管部门，主要有财政部、中国人民银行、国资委、发改委、工商局等；行业监管组织主要有银保监会、证监会等。外部支持主体，指从外部对产融结合实现给予审计、法律以及其他专业技术支持，主要包括会计师事务所、律师事务所、咨询机构等中介组织以及社会团体等其他社会组织和机构。其中，政府是产融结合实现调控机制最重要的外部调控主体。

内部调控主要指产融结合集团的自我调控。产融结合集团是直接参与主体，即直接参与产融结合实现各个环节，负责产融结合实现的具体经营业务，主要包括产融结合型母公司、实体产业经营子公司和金融业子公司。产融结合集团既是内部调控主体又是直接参与主体。

8.1.2　产融结合实现调控机制的内容

产融结合实现横跨工商等实体产业和金融业，加之金融业天然具有风险大、牵涉面广、社会影响大等特征，因此防止产融结合实现的风险构成了产融结合实现调控机制的主要内容。风险是关于人们不愿看到的事件发生的不确定性的客观体现，风险的发生会导致较大的经济损失。产融结合实现的风险包括产融结合集团运行的风险及产融结合运行给产业和国家经济带来的风险。产融结合集团运行的风险指由于工商产业机构与金融业机构结合成产融结合型企业集团后，产融结合运行给集团收益带来的不确定性，造成的未来实际收益与预期收益之间的偏差或变动。产融结合运行给产业和国家经济发展带来的风险往往都是产融结合集团运行风险导致的，所以本部分的研究重心放在产融结合集团运行的风险本身。产融结合实现后风险的发生具有客观性和可能性，但把握风险发生的规律，采取措施预防风险发生，调控风险传递，可以有效降低风险发生的可能性。

1. 产融结合实现的风险类型

依据风险来源的标准，可以把产融结合实现的风险分为内源性风险和外源性风险。产融结合实现的内源性风险主要指的是内生于产融结合型企业集团本身的风险。产融结合实现的外源性风险主要指的是产生于产融结合型企业集团外部的风险，跟政府的政策、法律法规、外部监管等密切相关。

（1）产融结合实现的内源性风险。

第一，产融结合实现的内源性风险产生的机理。从产融结合实现的本质层面分析，即资本层面分析，产融结合实现建立在产业资本与金融业资本融合的基础上。由于产业资本与金融业资本分属两种不同性质的资本，因此两者在融合过程中必然表现出不同的特征。

产业资本是相对于商业资本、生息资本而言的，指的是资本主义经济中物质生产部门中的资本，主要包括工业资本、农业资本、交通运输业资本、建筑业资本等。

产业资本运行的特点是要依次采取货币资本、生产资本和商品资本三种职能形式，随着又依次放弃相应的形式，且在每一种资本形式中完成相应的职能。产业资本循环正常进行必须具备两个条件：一是空间上并存，即把全部资本按照一定比例分割成货币资本、生产资本与商品资本；二是时间上继起性，即资本的每一种形式都必须相继依次通过三个阶段。产业资本的最大特点是直接生产剩余价值并直接占有剩余价值，最典型地反映了资本关系。因而产业资本可以定义为在资本的循环往复运动中，依次采取货币资本、生产资本和商品资本形式，接着又放弃这些形式，并在每一种形式中完成着相应职能的资本。产业资本是一个社会资本最初的也是最基本的表现形态。马克思经济学认为产业资本依次经过货币资本、生产资本、商品资本形成不断的循环从而实现资本的不断增殖。

金融指以货币金融运作为对象的经济活动。金融业资本指的是在金融业领域流动的资本。根据马克思主义政治经济学原理，金融业资本本质上属于借贷资本，为了获取利息而暂时贷放给他人使用的货币资本。金融业资本不是职能资本，而是从产业资本和商业资本等职能资本运动中游离出来的闲置货币资本转化而来的。金融业资本主要包括商业银行、保险公司、证券公司、信托公司、期货公司、基金公司、投资银行（公司）和其他金融机构的资本，其性质是为第一、第二产业以及第三产业中的非金融业服务的。金融业资本跟产业资本具有不同的运行机理。其运动形式如图 8 - 1 所示。

$$G\!-\!G',\ G'\!=\!(G\!+\!\Delta G),\ \text{其中}\ \Delta G\ \text{是新增货币额}$$

图 8 - 1　金融业资本运动形式示意

金融业资本与产业资本之间运动形式完全不一样，性质完全不同。在实际中两者表现出不同的运作规律，从投资期限来看，金融投资期限往往比较短，资产转换便捷，流动性较好；而产业投资期限则比较长，资产转换麻烦，流动性差。从投资收益来看，金融投资收益波动性较大；而产业投资收益较稳定。从进入壁垒来看，金融业领域的进入受制于牌照管制；而产业领域虽不受制于牌照管制，但有较高的技术壁垒限制。从行业监管来看，由于金融投资牵涉面广、社会影响较大，往往受到较为严格的管制；产业投资的管制相对较少。由于二者运行机理表现出来的差异性，因此产融结合实现往往也潜藏着协同整合上的内源性风险。

第二，产融结合实现的内源性风险类型。产融结合实现的内源性风险主要有投资组合风险、资源整合风险和内部交易风险三种。

其一，投资组合风险。合理配置金融业资本与产业资本，可以获得产融结合实现的协同效应。但金融业资本与产业资本性质完全不同，二者的运行机理差异较大。在产融投资组合中，如果忽视二者的差异，不仅无法获得协同效应，还可能引致产融之间的冲突。在产融结合型企业集团内部的产融配置中，必须处理好二者之间的相关度。产融之间如果没有相关性，随着产融结合企业集团规模的增大，投资组合风险就会越大，导致集团整体运行效率降低等问题。

其二，资源整合风险。产融联姻组合成产融结合型企业集团。二者之间的整合，不仅是产业资本与金融业资本之间的整合，还包括人力、管理、文化、信息等大量资源的整合。如果资源整合不当，会导致人事上的冲突、文化上的排斥、管理上的矛盾等问题。产业部门和金融业部门在管理、文化上也有诸多差异。如果两部门不加以有效整合，各行其是，就难以发挥产融两个部门之间的协同作用。因此，在资源整合过程中企业集团往往需要重塑企业文化，把资本、人力等资源合理配置到两个部门中去，形成整体上的协同合力。

其三，内部交易风险。实体产业企业与金融业机构企业结合组成产融结合型企业集团。在集团内部实体产业企业成员之间、实体产业企业与金融业机构企业之间不可避免地会发生交易往来、担保和承诺等内部交易行为。一些内部交易可以为集团带来协同效应，达到管理资源和现金流量的充分利用。但在集团内部的诸多关联交易中，由于金融子公司主要承担了集团内部资金筹集和资金运用的重担，不可避免地要与集团内所有的成员之间发生资金业务联系，在缺乏防火墙等必要措施的情况下，金融子公司很容易成为集团的"提款机"，所以金融子公司也就成了内部交易的风险爆发点。

（2）产融结合实现的外源性风险。产融结合实现的外源性风险源于产融结合型企业集团外部，主要指的是由于政府的政策、法律法规、外部监管等方面的变动或者缺失给产融结合企业集团的日常经营带来的风险。主要包括政策风险、法律法规缺失风险、监管真空风险和外部风险传染。

第一，产融结合实现的外源性风险产生的机理。产融结合型企业集团作为一个商业组织，其顺利运行离不开政策的支持、法律法规的保护和必要的监管。

随着经济全球化和经济金融化程度日益加深，以及我国"一带一路"建设的深入推进，产融结合型企业集团也必将走出国门。中资产业资本与外资金融业资本会相互融合，外资金融业资本会与中资金融业资本相互融合，中资产融型企业集团与外资产融型企业集团也会有更多的业务往来。产融结合行为由于双边的双向互动，呈现出更为复杂的特征。这样我国的产融结合型企业集团也容易受到其他国家或者地区经济风险的传染。

第二，产融结合实现的外源性风险类型。产融结合实现的外源性风险主要有政策风险、法律法规风险、监管风险和境外风险传染。

其一，政策风险。截至目前，我国还没有明确的产融结合政策。政府的政策决定着企业集团的发展方向和战略选择。可以说，在我国目前的产融结合实现的进程中，还有许多方面处于探索阶段。随着我国经济发展进入新时代新常态新阶段、新一轮全面深化改革的启动、金融体制改革的深入，金融监管体制的不断完善，使得产融结合实现也面临较大的政策风险。因此产融结合实现的政策风险主要表现为政策调整和方向不明。

其二，法律法规风险。正如前面所指出的，我国产业集团投资金融业掀起了新的热潮，央企、地方国企、民营企业集团、互联网企业集团等众多企业集团通过各种路径纷纷涉足金融领域，走产融结合之路。部分金融业集团也开始涉足工商产业领域，如中国民生投资股份有限公司。我国现行法律法规对工商产业投资金融业并不禁止，对除银行业外的金融业进入工商产业也没有禁止性规定。但根据我国企业集团产融结合实现的复杂态势和我国产融结合相关法律法规的实际情况，我国的产融结合实现机制面临着法律法规缺失的风险。例如，对工商产业机构投资金融企业的法律性质、经营范围、出资比例、审批监管以及破产处置等规定，或是空白，或是十分分散；对民营实体企业投资金融业的监管也存在大块的空白。目前监管部门也未在金融业市场准入标准和条件上有明确规定，这会导致大量不具备资质的企业通过股权投资成为各类金融机构的实际控制人[①]。因此，产融结合实现的法律法规风险主要表现为法律法规缺失。

其三，监管风险。产融结合型企业集团由于横跨实体产业和金融产业两个领域，加之金融业风险高，理应受到严格监管。从目前产融结合的监管格局来看，最简单的概括就是混业经营、分业监管。产业部门主要由国资委、发改委、工商等部门主管，金融业部门由央行、银保监会、证监会等部门监管。混业经营、分业监管的格局必然导致主管部门及其监管部门之间的管理边界模糊、职能冲突，实际运作中造成监管真空或监管重叠。因此，产融结合实现的监管风险主要表现为监管真空或监管重叠。

其四，境外风险传染。随着经济全球化和经济金融化程度日益加深，

---

① 钟红，李建军，邵科. 我国产业投资金融的问题及对策 [J]. 中国货币市场，2011（3）：37.

随着我国经济金融的逐步开放，我国"一带一路"建设的深入推进，产融结合型企业集团也必须走出国门，利用国际国内两个市场。境外的企业集团也必然加深与我国各类企业集团的合作，也当然包括产融结合的合作。目前已经有中资产业资本与外资金融业资本的融合，如由中国海尔集团与美国纽约人寿保险联手成立的"海尔纽约人寿保险公司"、北京首创集团与荷兰国际集团（ING）在香港共同发起成立的 ING 北京投资基金、ING 集团旗下的荷兰保险公司和北京首创集团共同宣布成立的首创安泰人寿保险有限公司。有中资产融结合型企业与外资产融结合型企业的再融合，最典型的代表是上汽财务公司与美国通用汽车金融服务公司的合资，成为我国第一家合资汽车金融服务公司。有外资产融结合企业在中国的独资公司，如美国福特汽车信贷公司及德国大众汽车金融服务公司都早已在中国设立代表处。还有中资金融业资本与外资或境外产业资本的融合，如中银香港、工商东亚等机构的大股东中就有外资产业资本的身影。

产融结合由于双边双向互动，即外资参与我国的产融结合和我国企业集团参与国外的产融结合，而呈现出更为复杂的特征。因此，我国的产融结合型企业集团也容易受到境外经济风险的传染。

2. 产融结合实现风险的特征

产融结合实现风险的特征主要有隐蔽性、传递性和强破坏性。

（1）风险的隐蔽性。产融结合型企业集团一般具有产业的多元化、规模的大型化和业务的国际化特征。产业的多元化导致产业门类众多，各个产业的运行周期不一致，造成相关数据的采集难度加大。规模的大型化导致管理层级较多，母子公司之间、子子公司之间协调层级较多。业务的国际化使集团公司的业务容易受到国际经济波动的影响。产融结合型企业集团产业的多元化、规模的大型化和业务的国际化特征，为风险预测和识别带来困难。还有正如前面所分析的产融结合型企业集团母子公司之间、子子公司之间业务往来频繁，内部交易复杂，不仅使政府主管部门、行业监管组织、第三方监管组织以及其他利益相关方难以了解集团内部各个成员复杂的业务往来，甚至集团本身也难以正确评估面对的风险。这些因素都导致产融结合风险具有较高的隐蔽性。

（2）风险的传递性。产融结合型企业集团规模庞大，子公司、孙子公司众多。如果集团公司内部一家子公司或孙子公司发生经营困难，陷入财务困境时，集团公司往往不会坐视不救，通常会动用其他公司的资金来救助。这样使得各公司的经营状况相互影响，导致风险在各公司之间传播。由于产融结合型企业集团本身产业多元化，又横跨工商产业和金融业，因此风险不可避免地会在工商产业与金融业之间相互传递。风险不仅会跨产业传递，而且还有可能跨区域传递。产融结合型企业集团不仅在国内跨区域经营，甚至不乏中资产融型企业集团与外资产融型企业集团的结合联营。产融结合行为由于双向互动，风险自然也会双向传递。产融结合型企业集团内部若没有良好的隔离举措，会导致连锁反应，殃及整个集团的正常经营。尤其随着全球经济一体化发展，产融结合风险的传递性更不可低估。

（3）风险的破坏性。产业资本和金融业资本的融合，组成产融结合型企业集团，具有协同和规模的正效应。但产融结合型企业集团往往由于其规模庞大，多元经营涉及产业范围广泛，上下游厂商等利益相关者众多。一旦不慎，其负效应会被无限放大。所以，产融结合实现的风险具有很强的破坏性。

3. 产融结合实现风险的传导机理

产融结合实现的风险具有隐蔽性、传递性和强破坏性三大特征。为此需要进一步深入研究，透析产融结合实现风险的传导机理。企业集团是产融结合实现的中心平台，实体产业部门和金融业部门构成企业集团的两翼，两个部门具有不同的运营模式，而且两个部门内部之间易产生关联交易。产品部门和金融部门各自面对不同的市场、不同的机构和厂商，每个节点都是一个风险生成点，风险极易在各个节点相互传递。金融部门的任何一个风险点的产生，不仅在金融机构之间传导，还会通过企业集团传递到产品生产部门，并通过产品市场的上下游厂商这一产业链条纵向传导。同时产业部门的任何一个风险点也会通过产业链条传导，并通过企业集团向金融部门传导，可能诱发金融风险（见图8-2）。

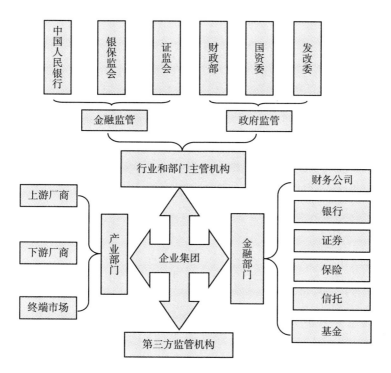

图 8 - 2 产融结合实现的风险传导机理示意

因此，产融结合集团产业部门与金融业部门内部以及相互之间，产业部门与金融业部门的外围利益相关厂商之间都存在诸多风险点，行业主管部门存在监管真空和监管重叠，第三方监管机构处于监督外围，因而风险点缺乏阻隔，容易沿着业务链、资金链和产业链传递，导致风险蔓延。

8.1.3 产融结合实现调控机制的手段

产融结合实现调控机制的手段指的是调控主体作用于调控内容的方式，主要包括经济手段、行政手段、法律手段和监督手段。

1. 经济手段

经济手段指政府通过制定经济政策和经济计划，通过对经济利益的调整来影响和调节产融结合实现的措施。经济手段的作用机理主要表现为利用利益引导机制间接影响企业组织的产融结合行为，调动产融结合实现相关组织的积极性，促进经济效益与社会效益协调发展。

政府指导和影响产融结合实现的经济政策主要有产业政策、货币政策、财政政策、信贷政策、税收政策等。产融结合实现跟产业政策、货币政策、信贷政策紧密相关，使用经济手段调控产融结合的实现往往具有直接的效果。例如，制定产业政策，鼓励金融业资本与战略性新兴产业结合；制定税收优惠政策，鼓励中小型科技企业实现产融结合；通过信贷倾斜等信贷优惠政策鼓励企业集团的发展；等等。

2. 行政手段

行政手段指各级政府及其主管部门，采取带强制性的行政命令、指示、规定等措施，来调节、规范和管理产融结合实现的手段。行政手段主要包括四种，即行政命令手段、行政引导手段、行政信息手段和行政咨询服务手段。行政手段具有直接、快速和强制性的特点，它的作用方向是自上而下的，呈垂直性。行政手段的作用机理主要表现为通过行政系统上下级隶属关系的强制力量进行。在经济手段难以产生快速强烈的效果时，行政手段往往能起到立竿见影的作用，如政府通过对金融牌照的审批、核准和备案的调控来控制产融结合实现的进程、规模和质量。

3. 法律手段

法律手段是指国家通过立法和司法，依靠法律的强制力量来调节和规范产融结合实现的手段。法律手段的作用机制是依靠法律的权威来保障产融结合的实现。较之于行政手段，法律手段更具有权威性、强制性和稳定性，例如，通过立法规定关于实体产业机构投资入股、参股、控股金融机构的条件和比例，通过司法裁判引导关于垄断的认定等。

4. 监督手段

产融结合集团的自我监管手段在产融结合实现的调控手段中属于内部控制手段，产融结合组织的自我监管手段在产融结合实现的调控手段中具有基础性的地位，没有良好的内部控制手段，外部调控手段也难以发挥有

效的作用。外部支持主体的监督手段主要是指外部支持主体凭借专业技术
手段对产融结合实现过程的监督，如会计师事务所的审计监督、律师事务
所出具的法律意见书、新闻机构的舆论监督等。

8.2　中国产融结合实现调控机制的现状 与存在的问题

由于我国的产融结合实现起步较晚，发展时间不长，加之产融结合的
发展跟经济体制改革、跟国家的政策紧密相关，因而总体上我国的产融结
合还处于初级发展阶段。因此，产融结合实现的调控机制还没有建立起
来，尚处于探索阶段。所以对我国产融结合调控机制的现状与存在问题的
研究主要从产融结合实现调控机制的三个要素分别作一些概述。

1. 调控主体

我国的产融结合实现形成了由政府及其主管部门、行业监管组织等宏
观调控主体和第三方组织、中介机构等外部支持主体组成的外部调控主
体，产融结合集团自我调控的内部调控主体，由外部主体和内部主体组成
的调控主体。产融结合集团的内部调控主体在产融结合实现调控中发挥了
基础性作用，外部支持主体在专业范围内起到了监督作用。但产融结合实
现的宏观调控主体由于涉及调控主体较多、层级繁杂，必然存在调控主体
间的界限不清，职责冲突，难以协调。

2. 调控内容

产融结合实现调控机制调控内容的重点是防范产融结合实现的风险。
从产融结合型企业集团的内部调控对产融结合实现的风险防范来看，大多
数产融结合型企业集团内部还没有建立起有效的风险预警机制、风险隔离
机制和风险控制体系。从产融结合实现的外部调控主体对产融结合实现风
险的防范来看，宏观调控主体内部没有建立起有效的监管协调体系，宏观
调控主体与外部支持主体之间也缺乏有效的监管协调机制。

3. 调控手段

产融结合实现调控机制的手段中目前发挥主要作用的是产融结合集团的内部自我监管手段以及包括会计师事务所、律师事务所等第三方及其他社会主体的外部监督手段。政府等宏观调控主体开始运用行政手段、法律手段、经济手段调控产融结合实现。政府运用行政手段中的行政引导手段鼓励产融结合实现。从法律调控手段来看，虽然目前还没有直接针对产融结合实现的立法和司法，相关法律法规条文也还较少，但已经有所涉及。经济调控手段因其以利益引导为作用机理，在调控产融结合实现中具有直接的效果。经济调控手段中的产业政策、货币政策、财政政策、信贷政策、税收政策在调控产融结合实现中已经有所运用，但对这些政策手段还缺乏综合运用。

因此，在产融结合实现调控机制的调控手段中应重点运用经济手段，发挥经济手段的导向优势功能；总结调控手段运用的经验，将成熟的调控手段模式通过立法的方式，上升为法律手段，发挥法律手段调控功能的稳定性、权威性和强制性的优势，慎用或少用行政手段。

8.3　构建中国产融结合实现调控机制的对策

总体上来说，我国的产融结合实现调控机制还处于探索阶段。为此，当前应以"顺应发展，抓住关键，加强监管"为原则构建我国产融结合实现的调控机制。

1. 健全产融结合企业集团内部风险控制体系，构建风险隔离机制

（1）建立风险预警机制，构建全面的风险管理体系。根据产融结合集团的特征，设置科学合理的风险预警指标体系，建立风险预警机制，定期评估产融结合集团整体以及各子公司的经营状况和财务数据。建立突发事件的应急控制预案。在产融结合集团内部建立贯穿事前、事中、事后的全面风险管理体系。

（2）抓住关键，构建风险隔离机制体系。产融结合型集团公司除具有一般企业集团所面临的生产经营类常规风险外，还具有一般企业集团所不具有的风险易发点。产融结合型企业集团内部的产业机构与金融业机构的内部交易很容易成为风险的"爆发点"。因此必须抓住这个关键的内源性风险点，构建风险隔离机制体系。

其一，建立资金隔离机制。关系贷款、关系融资、关系担保及内部交易是产融结合集团内部的风险点，可能引发系统性危机。借助内部控制体系，难以遏制这些易发常发的风险点。必须借助主管部门的监管，利用其行政手段建立金融业子公司与母公司和其他子公司之间的资金隔离机制。要求产融结合企业集团金融业机构都须满足资本充足率的要求，母公司与子公司之间及子公司之间的资金往来不得妨碍正常经营。

其二，建立业务隔离机制。产融结合集团内部的资源共享，业务协同是必要的。但对非必要的业务关联，应进行限制，建立适当的业务隔离机制。

其三，建立人事隔离机制。产融结合集团内总部及其各子公司之间的高级管理人员应避免不必要的兼职行为，建立不当兼职的阻隔机制。

2. 完善外部监管协调体系，加强监管的国际合作

（1）加强信息共享，完善监管协调体系。产融结合实现调控机制必须内外部相结合，产融结合集团内部的风险控制体系是基础，外部监管是保障。外部监管的主要主体是宏观调控主体，主要是政府主管部门及其行业协会的监管。简而言之，我国当前的产融结合监管格局是分业经营、分业监管。金融央企由财政部主管，实业央企由国资委主管，其他民营实体企业由工商部门主管，央行、银保监会、证监会，即"一行两会"分业监管。因此应由当前的分业监管监管模式逐步建立起更高层次、更为客观全面的监管框架。该框架应更加集中化、明晰化和实体化，包含政策协调和实质监管的双重作用，做到监管主体明确，监管责任到位，监管信息透明、共享。

（2）加强监管的国际合作。随着我国产融结合"走出去"、国外产融结合"走进来"，产融结合监管面对更为复杂的形势，对产融结合的监管

提出了更高的要求。为此，要注意产融结合监管的国际合作，建立起产融结合监管的国际合作机制。

3. 制定与完善产融结合实现的法律法规

产融结合法律调控手段作用的基础是较为完备的法律法规体系。20 世纪 90 年代，我国陆续出台了一系列与产融结合实现相关的法律法规。但这些法律法规时至今日，已经明显跟不上产融结合实现的实际需求。正如前面的研究中所讲到的，一些关键的风险易发环节存在法律盲点，如资本转投资限制、关联交易、母子公司关系诸方面还缺乏清楚的法律规范。

因此，当前需要充分调研，发现产融结合的法律法规盲点；综合评估，查明产融结合相关的法律法规模糊地带；及时识别、修订原有的不合时宜的法律法规；统筹考虑，系统谋划，根据产融结合的新发展，制定与完善产融结合实现的法律法规体系。

第 **9** 章

研究结论与政策建议

9.1 研究结论

本书回顾了产融结合实现机制的有关思想理论，评析了相关文献，以马克思主义政治经济学为基础，考察了国内外产融结合实现的演进历程、总体趋势，分析了构建我国产融结合实现机制的必要性，从纵向和横向、动态和静态相结合角度构建了我国产融结合实现机制的分析框架，解析了产融结合实现的动力机制、运行机制和调控机制的现状与存在的问题及对策。根据全书的研究，主要的结论有以下几个方面。

1. 产融结合及其本质

本书认为产融结合是在生产力发展基础上生产关系层面发展演化的产物，是资本裂变与重构、产业关系的演化与融合、企业组织形式和经营方式的发展，是社会化大生产的必然趋势。本书遵循了马克思主义经济学以资本为逻辑的分析主线，认为产融结合的本质是资本不仅要垄断生产过程，而且要垄断货币的分配与交换。

本书认为应结合产融结合的新发展，对产融结合的概念作出全面、系统、严格的界定。一方面要深入全面把握产融结合的内涵；另一方面随着经济发展和产业结构的演化，要拓展产融结合的外延。产融结合包括资本、组织和产业三个层面的结合，是金融业资本和产业资本结合基础上的股权链接，在股权链接的基础上生成企业组织，达成人事结合、信息沟通、业务咨询，进而实现产业协同。

2. 国内外产融结合实现演进历程和趋势

西方国家产融结合实现的演进历程经历了自由—限制—放松—收紧四个阶段。西方国家产融结合实现的总体趋势是金融业资本与产业资本之间的结合由以商业银行资本为主转变为多种金融业资本，众多非银行金融机构跟产业机构的结合。金融业机构与工商业公司之间的结合由控制为主转为合作为主。实体产业经营始终是产融结合实现的核心。

中国产融结合实现的广度和深度伴随着经济体制改革的步伐逐步加深，呈现出鲜明的阶段性特征。中国的产融结合演进历经萌发、形成、发展、规范几个阶段，目前已经进入规范发展期。总体上来看，我国产融结合实现的规模和水平仍然还处于初级阶段。

3. 中国构建产融结合实现机制具有内在和外在的必然要求

中国的产融结合实现真正始于改革开放后，依据经济发展水平、制度文化和具体国情等实际情况，走出了一条不同于其他国家的产融结合实现道路。

伴随经济全球化的扩展和经济金融化程度的日益加深，当代资本主义已经发展到国际金融垄断资本主义阶段。伴随我国全面深化改革、"一带一路"建设、"互联网＋"及其计算机信息技术的发展等，我国经济发展步入新时代新阶段。国际和国内经济发展的新阶段和新形势，要求企业必须善于利用国际国内两个市场，必须善于发挥产业资本和金融业资本的协同作用，走产融结合之路，实现产融结合。国内实体经济与虚拟经济失衡的现实困境，为产融结合实现提出了新的要求。国际和国内经济发展的新阶段和新形势，对我国构建产融结合实现机制提出了外在的必然要求。

4. 产融结合实现机制的内涵、特征、基础

产融结合实现机制是指一个国家或者地区的政府通过制定产融结合实

现的政策和法律法规，将产融结合战略或者政策实现于符合条件的企业组织，进而企业组织将产融结合的经营方略运用于其日常经营中，形成产融结合的商业模式。

产融结合实现机制具有系统性、过程性、多主体性、一般性和特殊性四大特征。产融结合实现是社会化大生产条件下资本社会化的自然结果，是市场经济条件下自由竞争向集团垄断竞争发展到一定阶段的必然产物。

产融结合实现机制作为一种经济机制，产融结合实现机制的确立在经济制度和经济体制方面有同有异，正是由于构筑的经济制度和经济体制的不同，决定了我国的产融结合实现在特征、路径、模式等方面区别于西方国家。

股份是产融结合链接的纽带，股份公司是产融结合实现的组织基础。产融结合实现的适格主体是有一定规模、具有较高的市场占有份额、有一定的垄断性，往往掌握着行业的关键性技术和具有独特的经营模式的企业集团。在实践中往往表现为有较大的营业额和较高的产值，在产品、市场、管理方面都积累了丰富的行业经验，根基深厚，有良好的社会声誉。多样化的金融机构和多层次的资本市场体系，是产融结合实现的基础。

5. 构建中国产融结合实现的动力机制

资本的增殖和扩张本性是产融结合实现的原动力，产融结合是在资本的运动与循环过程中裂变的基础上的融合。产融结合实现可以满足实体产业企业获得更多信贷支持、增强财务灵活性；可以满足实体企业对综合化金融服务的需要；可以提高实体企业盈利水平；可以满足企业多元化经营的需要，降低交易成本和风险水平；可以产生协同效应，实现实体产业与金融产业的优势互补。为了发展国有经济，增强国际经济竞争力，协调实体经济和虚拟经济的关系以及优化资源配置，政府应激励实施产融结合。通过金融市场机制的作用，产融结合实现可以优化产业结构，促进一国金融市场的健康成长，推进一国经济的不断发展。

我国企业集团起初主要是在破解融资难困境，寻求融资新路径的推力和金融行业高利润率引发的追逐资本增值的原始动力的作用下实现产融结合的。后来随着经济全球化程度的加深和我国整体上经济由投资导向阶段向创新阶段发展，企业组织开始有了来自外部竞争的压力和谋求多元化发展的牵引力作用下实施产融结合的动力。

因此，我国产融结合实现动力机制存在的问题既表现在产融结合内外部及其某个单方面，而且内外部之间尚不具备协同性。我国的产融结合实现主要表现为企业的自发行为，政府虽有激励推行产融结合，但政府在推动产融结合中的作用还不明显。金融业对实体产业特别是高新技术产业的支持力度不够，两者之间的结合不紧密。为此，既要提升企业产融结合动因的层次，又要协同产融结合中企业组织的原生动力、政府的拉力和产业发展的推力，构建产融结合实现的动力机制系统。

6. 构建中国产融结合实现的运行机制

资本配置合理、组织协调、产业协同及监管到位是产融结合运行机制的基础和保障。我国产融结合运行中产融资本配置的合理程度、产融组织内部的协调程度、产业之间的协同度和监管的到位程度都还不够。但我国产融结合运行助推产业结构改善，助推经济质量提升，助推经济发展的宏观效应初步显现。此外，产融结合运行助推企业集团化发展的效应已经有所显现，大多数央企和一部分民营企业已经形成了集团化发展的模式，一些由证券业、保险业、银行业等组成的综合类金融集团形成壮大。产融结合运行助推交易成本降低和资金融通效率提高等微观效应也已经显现。但产融结合运行引发的道德风险、导致垄断的个案也已经有发生，如滋生内部交易、加大财务杠杆等微观负效应也有显现。

为此应加强和完善资本市场建设，充分发挥资本市场在产融资源配置中的决定性作用，进一步优化产融资本配置，增进产融组织协调度和产业协同度，加强监管，形成全方位和全过程监管格局，形成监管合力，保障产融结合顺畅运行。

7. 构建中国产融结合实现的调控机制

我国的产融结合形成了由政府及其主管部门、行业监管组织和第三方组织组成的外部调控主体，产融结合集团自身是内部调控主体。由于产融结合涉及调控主体较多、层级繁杂，必然存在调控主体间的界限不清、职责冲突、难以协调等问题。产融结合实现调控内容的重点是防范产融结合实现的风险，但企业集团内部调控还没有建立起风险预警机制、风险隔离机制和风险控制体系，外部监管没有建立起监管协调体系。产融结合实现调控机制的手段中目前发挥主要作用的是产融结合集团的自我监管手段以及包括会计师事务所、律师事务所等第三方及其社会主体的监督手段。

为此，当前应以"顺应发展，抓住关键，加强监管"为原则，从健全内部风险控制体系，构建风险隔离机制体系；完善外部监管协调体系，加强监管的国际合作；制定与完善产融结合实现的法律法规三个方面着力构建我国产融结合实现的调控机制。

8. 中国产融结合实现的路径

马克思主义金融资本理论认为生产是金融的基础，实体产业是金融业的基础，金融业是为实体产业服务的。金融资本是产业资本和金融业资本在生产集中基础上的融合。产融结合实现的目的是更好地服务实体产业。因此，我国选择产融结合实现的路径应该以马克思主义金融资本理论为指导，借鉴吸收西方国家多年来特别是欧美产融结合实现的经验教训，依据我国多年来走出来的由产到产融结合的实现路径的实际情况，坚持走由产到产融结合主导的产融结合实现路径。

9. 中国产融结合实现的模式

产融结合实现的模式常常受到一国国情国力、制度、历史文化以及与经济发展相关的经济体制、资本市场、产业成熟度和企业本身等诸多因素的影响。产融结合的实现模式主要跟产融结合实现的主导主体相关，即政府、市场、企业组织、金融业组织（以银行为代表）。根据党的十八届三中全会等会议关于"经济体制改革是全面深化改革的重点，核心问题是处理好政府和市场的关系，使市场在资源配置中起决定性作用和更好发挥政府作用"的精神，产融结合实现机制作为构筑在经济体制基础上的经济机制，其实现模式的构建理应符合经济体制改革的目标。我国产融结合实现模式的构建目标应该是市场主导型和政府引导型相结合的模式。既发挥好市场在产融结合实现中的基础性和决定性作用，又要更好发挥政府在产融结合实现中的服务引导和监管功能。

9.2 构建我国产融结合实现机制的政策建议

根据全书的理论研究和产融结合实现在我国发展的实际状况，我们认为，需要从七个方面构筑我国产融结合实现机制的政策支撑体系，规范我国产融结合高质量发展。

1. 制定政策，明确产融结合实现的发展方向

我国国内企业集团争先实现产融结合，既有由产到融，也有由融到产，呈现出双向互动的格局。产融结合的对外关系上既有中资产业资本与外资金融业资本的融合，还有中资产融结合企业资本与外资产融结合资本的再融合，已经呈现出较为复杂的态势。

当前应对我国企业集团产融结合实现的发展方向给予指导，对国内产业资本投资国内外金融业或者国内金融业资本投资国内外产业资本在政策上应予以明确，即明确产融结合实现的路径、模式、准许条件、审批标准、审批流程等。

2. 加强和完善产融结合实现机制的基础设施建设

资本市场能完善地发挥市场机制的作用，是产融结合实现机制的重要基础设施。资本市场以市场机制为基础，具有良好的交易机制和良好的交易平台，在促进资产的流动性、可交易性及资产的证券化等方面具有重要的作用。经过三十余年的发展，我国已经构建起多层次的资本市场体系，为产融结合的实现奠定了基础。因此，应继续加强和完善资本市场建设，充分发挥资本市场在产融资源配置中的决定性作用。

3. 完善公司治理机制，健全产融结合内部风险控制体系

建立健全现代企业制度，完善董事会结构、监事会制度和激励约束

机制，充分发挥金融监管的作用，加强企业内部自主监管，完善信息披露制度。

设置科学合理的风险预警指标体系，建立风险预警机制，定期评估产融结合集团整体以及各子公司的经营状况和财务数据。建立突发事件的应急控制预案。在产融结合集团内部建立贯穿事前、事中、事后的全面风险管理体系。抓住内源性风险关键节点，建立资金隔离机制、业务隔离机制、人事隔离机制等风险隔离体系。

4. 制定与完善产融结合实现的法律法规体系

20 世纪 90 年代以来，我国陆续出台了一系列相应的法律法规，在一定程度上规范了产融结合的实现过程。但这些法律法规时至今日，已经明显跟不上产融结合实现进程中复杂态势的要求。当前需要充分调研，发现产融结合的法律法规盲点；综合评估，查明产融结合相关的法律法规模糊地带；及时识别、修订原有的不合时宜的法律法规；统筹考虑，系统谋划，根据产融结合的新发展，制定与完善产融结合实现的法律法规体系。

5. 以国家战略为指引，引领产融结合实现的发展方向

以国家战略为指引，发挥政府之手的功能，制定有效的产业政策、货币政策、财政政策、信贷政策、税收政策等，充分运用经济手段的调控功能，动态调整产融结合支持的产业方向，引导金融资源向战略性新兴产业等优势产业和重点实体部门聚集。

6. 加强产融结合监管协调体系建设，建立产融结合监管的国际合作机制

我国分业经营、分业监管的产融结合监管格局已经不适应产融结合发展的需要。因此应由当前的分业监管监管模式逐步建立起更高层次、更为客观全面的监管协调体系。监管协调体系的建设应更加集中化、明晰化和实体化，包含政策协调和实质监管的双重作用。做到监管主体明确，监管责任到位，监管信息透明、共享。加强监管的国际合作，建立起产融结合监管的国际合作机制。

7. 加强产融结合复合型人才培养

产融结合复合型专业人才既要熟悉产业资本的运行规律，对相关实体产业的规律要有深刻的认识，熟悉其经营模式和发展前景；还要熟悉金融和财务领域，金融行业知识密度大、技术性强，需要长期的经验积累。培养一批既熟悉产业资本的运行规律，又熟悉金融业资本的运行规律，才能将产业资本投放在安全、高效的行业，有效地规避金融风险，把金融业资本与产业资本的运行规律有效结合起来。同时，要加强对产融结合型人才资质管理，建立产融结合型企业高管任职资格审查制度，避免由于不熟悉金融或产业知识而盲目决策给企业带来不利影响。

参 考 文 献

［1］H·钱纳里，S·鲁宾逊，M 赛尔奎．工业化和经济增长的比较研究［M］．上海：上海人民出版社，1996．

［2］R. 科斯，A. 阿尔钦，D. 诺思，等．财产权利与制度变迁——产权学派与新制度学派译文集［M］．上海：上海人民出版社，1994．

［3］阿道夫·贝利．二十世纪的资本主义革命［M］．钟远蕃，译．北京：商务印书馆，1961．

［4］阿列桑德洛·荣卡格利亚．西方经济思想史［M］．上海：上海社会科学院出版社，2009．

［5］阿马蒂亚·森．伦理学与经济学［M］．北京：商务印书馆，2000．

［6］阿瑟·刘易斯．经济增长理论［M］．北京：商务印书馆，2005．

［7］白钦先．产融结合，主办银行与重塑银企关系［J］．城市金融论坛，1997（10）：7－10．

［8］白钦先．论以金融资源学说为基础的金融可持续发展理论［J］．广东商学院学报，2003（5）：5－12．

［9］保罗·巴兰，保罗·斯威齐．垄断资本：论美国的经济和社会秩序［M］．南开大学政治经济学系，译，北京：商务印书馆，1977．

［10］保罗·萨缪尔森．经济学［M］．北京：首都经济贸易大学出版社，1996．

［11］保罗·斯威齐．资本主义发展论［M］．北京：商务印书馆，1997．

［12］伯利，米恩斯．现代公司与私有财产［M］．甘华鸣，罗锐韧，蔡如海，译．北京：商务印书馆，2005．

［13］布阿吉尔贝尔选集［M］．北京：商务印书馆，1984．

［14］蔡继明．从混合经济形成看两大经济思想体系融合［J］．学术月刊，2015（1）：62－75．

［15］蔡万焕．现代"金融资本"概念辨析［J］．教学与研究，2011（4）：42 - 48．

［16］操建华．产融结合是否应相互参股［J］．金融研究，1998（9）：46 - 47．

［17］曹凤岐．走产融结合的新路［J］．农村金融研究，1989（5）：48 - 50．

［18］陈享光，袁辉．金融化积累机制的政治经济学考察［J］．教学与研究，2011（12）：45 - 52．

［19］陈享光，袁辉．金融资本的积累与当前国际金融危机［J］．中国人民大学学报，2009（4）：9 - 15．

［20］程恩富，杨斌．当前美国金融垄断资本主义的若干新变化［J］．当代世界与社会主义，2014（1）：109 - 113．

［21］程恩富．现代政治经济学［M］．上海：上海财经大学出版社，2006．

［22］程民选，唐雪漫，孙磊．社会信用体系：需要深入思考的几个理论问题［J］．当代经济研究，2009（12）：30 - 34．

［23］辞海［M］．上海：上海辞书出版社，1989．

［24］大卫·李嘉图．政治经济学及赋税原理［M］．北京：华夏出版社，2005．

［25］邓玲．正确看待和坚持公有制为主体［N］．人民日报，2016 - 04 - 29．

［26］邓小平文选（第1、第2、第3卷)[M]．北京：人民出版社，1993．

［27］邓瑛．论新经济下虚拟经济的阶段发展与实体经济［J］．财贸研究，2004（1）：7 - 13．

［28］丁任重，王继翔．中国国有企业改革演进：另一种视角的解读——关于"国退民进"与"国进民退"争议的思考［J］．当代经济研究，2010（4）：35 - 40．

［29］杜江，李恒．经济预测基础教程（译著）［M］．北京：机械工业出版社，2012．

［30］杜卿卿．话信中利总裁汪潮涌：产融结合是大趋势［N］．第一

财经日报，2013 - 09 - 23.

[31] 段文斌，袁晓龙，李伟. 收入分配、技术进步与经济的持续增长——来自中国的经验 [J]. 南开学报（哲学社会科学版），2008 (5)：88 - 97.

[32] 俄罗斯报纸网 10 月 20 日报道. 147 家跨国公司掌控全球半数财富 [N]. 参考消息，2011 - 10 - 22.

[33] 范从来，丁慧，张淦. 金融改革的方向：基于马克思借贷资本和现实资本理论的分析 [J]. 经济学家，2016 (4)：40 - 42.

[34] 房汉廷. 警惕产融联姻的弊端 [J]. 改革，1997 (4)：5 - 8.

[35] 弗雷德里克·巴师夏. 和谐经济论 [M]. 北京：中国社会科学出版社，1995.

[36] 弗里德里希·李斯特. 政治经济学的国民体系 [M]. 北京：商务印书馆，1981.

[37] 傅艳. 产融结合简析 [J]. 中南财经政法大学学报，2004 (1)：69 - 72.

[38] 高帆. 交易效率的测度及其跨国比较：一个指标体系 [J]. 财贸经济，2007 (5)：104 - 111.

[39] 高贤升. 论产融结合的法律监管 [D]. 上海：华东政法大学，2010.

[40] 戈拉德·A. 爱波斯坦. 金融化与世界经济 [J]. 国外理论动态，2007 (7)：14 - 21.

[41] 格·R. 克里普纳. 美国经济的金融化（上）[J]. 国外理论动态，2008 (6)：7 - 15.

[42] 葛扬，侯祥鹏. 《资本论》研究的文献计量分析 [J]. 南京大学学报，2012 (6)：14 - 26.

[43] 郭珺明. 央企产融结合要着力回答三大问题 [N]. 中国证券报，2013 - 02 - 25.

[44] 郭晓鸣. 农村金融：现实挑战与发展选择 [J]. 经济学家，2005 (6)：107 - 112.

[45] 郭玉志. 国资委研究中心主任楚序平：国企改革将培育产融结

合财团［NB/OL］．新华网，http：//news. xinhuanet. com/fortune/2013 -
11/22/c_125744042. htm.

［46］郭玉志．专访银河证券研究部研究员田书华，产融结合暗藏道
德风险［N］．中国企业报，2011 - 04 - 19.

［47］国资委发布央企"一带一路"路线图 已在境外设立 8515 家分
支机构［NB/OL］．新华网，http：//news. xinhuanet. com/fortune/2015 -
07/14/c_1115923647. htm.

［48］何自力．经济全球化与现代资本主义［J］．南开学报，2002
（3）：72 - 78.

［49］洪银兴．关于新时期全面深化改革的几个问题［J］．教学与研
究，2015（9）：35 - 39.

［50］洪正，胡勇锋．中国式金融分权［J］．经济学（季刊），2017
（1）：545 - 576.

［51］黄桂田，何石军．结构扭曲与中国货币之谜——基于转型经济
金融抑制的视角［J］．金融研究，2011（7）：1 - 13.

［52］黄隽．商业银行：竞争、集中和效率的关系研究［M］．北京：
中国人民大学出版，2008.

［53］黄明．产融结合模式的国际比较与制度分析［J］．学习与探索，
1999（2）：38 - 42.

［54］黄明．现代产融结合新论：中国银企协调改革的模式选择
［M］．北京：中国经济出版社，2000.

［55］黄泰岩，侯利．企业融资结构的国际比较［J］．中国工业经济，
2001（4）：69 - 77.

［56］江泽民文选（第1、第2、第3卷)[M]．北京：人民出版社，2014.

［57］蒋永穆，纪志耿．社会主义和谐社会的利益协调机制研究
［M］．北京：经济科学出版社，2011.

［58］蒋永穆，杨少垒．欧债危机：当代资本主义一体化异化噩梦
［J］．政治经济学评论，2012（2）：88 - 99.

［59］蒋永穆．中国农业支持体系论［M］．成都：四川大学出版社，
2000.

［60］杰里米·里夫金．第三次工业革命［M］．北京：中信出版社，2012．

［61］金慧瑜．中国95家财富500强平均利润率降至3.9%［N］．第一财经日报，2013－07－10．

［62］孔伟艳．制度、体制、机制辨析［J］．重庆社会科学，2010（2）：96－98．

［63］李革森．我国产融结合的绩效检验——来自证券市场的证据［J］．开放导报，2004（2）：101－106．

［64］李惠彬，董琦，曹国华．基于熵理论的我国产融结合趋势分析［J］．统计与决策，2011（11）：85－90．

［65］李俊江，康永刚．全球金融危机下美国贸易保护主义的新变化与中国应对策略［J］．社会科学战线，2009（12）：31－37．

［66］李岚．中国房地产业产融结合研究［D］．上海：华东师范大学，2008．

［67］李萍，冯梦黎．利率市场化对我国经济增长质量的影响：一个新的解释思路［J］．经济评论，2016（3）：74－84．

［68］李萍，盘宇章．中国马克思主义经济学主流地位的嬗变：比较的视角［J］．学术月刊，2011（1）：63－70．

［69］李萍．经济增长方式转变的制度分析［M］．成都：西南财经大学出版社，1999．

［70］李萍．统筹城乡发展中的政府与市场关系研究［M］．成都：西南财经大学出版社，1999．

［71］李其庆．西方左翼学者对当代资本主义的研究——第三届巴黎国际马克思大会述要［J］．国外理论动态，2002（1）：1－7．

［72］李天德，刘爱民．金融传染理论与政策取向［J］．经济理论与经济管理，2001（3）：19－24．

［73］李扬，王国刚，王军，房汉廷．产融结合：发达国家的历史和对我国的启示［J］．财贸经济，1997（9）：3－10．

［74］李扬．金融全球化研究［M］．上海：远东出版社，1999．

［75］李政，邱雨辰．区域金融集聚与创新创业的耦合性——基于面

板 VAR 的实证分析 [J]. 学术交流, 2016 (2): 117 – 122.

[76] 列宁. 帝国主义是资本主义的最高阶段 [M]. 北京: 人民出版社, 2001.

[77] 列宁选集 (第 2 卷) [M]. 北京: 人民出版社, 1995.

[78] 刘保华. 资产证券化与我国产融结合模式的演进 [J]. 技术经济与管理研究, 2003 (4): 56 – 57.

[79] 刘灿, 李萍, 吴垠. 马克思主义经济学发展创新的时代任务和基本路径 [J]. 经济学家, 2011 (5): 11 – 19.

[80] 刘传炎. 列宁的金融资本理论与当代美国经济现实 [J]. 世界经济, 1990 (5): 1 – 8.

[81] 刘诗白. 马克思主义政治经济学原理 (第三版) [M]. 成都: 西南财经大学出版社, 2008.

[82] 刘诗白. 现代财富论 [M]. 北京: 三联书店出版, 2005.

[83] 刘文波. 央企产融结合的趋势与挑战——访著名经济学家、国务院发展研究中心金融研究所副所长巴曙松 [N]. 中国航空报, 2010 – 05 – 20.

[84] 刘晓欣. 个别风险系统化与金融危机——来自虚拟经济学的解释 [J]. 政治经济学评论, 2011 (4): 64 – 80.

[85] 栾文莲. 金融垄断资本主义发展中金融与产业分离的趋势 [J]. 中共四川省委省级机关党校学报, 2014 (1): 26.

[86] 栾文莲. 信用制度与资本主义生产方式的演变——马克思主义信用理论、金融资本理论的学习与思考 [J]. 中国社会科学院研究生院学报, 2013 (2): 5.

[87] 马克思恩格斯全集 (第 19 卷)[M]. 北京: 人民出版社, 2006.

[88] 马克思恩格斯全集 (第 25 卷)[M]. 北京: 人民出版社, 2001.

[89] 马克思恩格斯全集 (第 31、第 32 卷)[M]. 北京: 人民出版社, 1998.

[90] 马歇尔. 经济学新原理 (上、下卷)[M]. 北京: 商务印书馆, 2005.

[91] 毛泽东选集 (第 1、第 2、第 3、第 4 卷)[M]. 北京: 人民出版社, 1991.

［92］孟捷，龚剑．金融资本与"阶级—垄断地租"——哈维对资本主义都市化的制度分析［J］．中国社会科学，2014（8）：91－108．

［93］帕特曼．帕特曼报告［M］．王继祖，等译．北京：商务印书馆，1980．

［94］配第经济著作选集［M］．北京：商务印书馆，1983．

［95］青木昌彦，奥野正宽．经济体制的比较制度分析［M］．魏加宁，等译．北京：中国发展出版社，2005．

［96］邱海平，李民圣．马克思的资本流通理论与政府经济职能［J］．经济学家，2015（1）：5－11．

［97］沙奈．金融全球化［M］．北京：中央编译出版社，2006．

［98］石磊．国有企业的委托—代理结构与制度改进［J］．管理世界，1997（3）：125－132．

［99］史晨昱．国际产融结合三大特征［J］．第一财经日报，2010－08－19．

［100］宋冬林，范欣，赵新宇．区域发展战略、市场分割与经济增长——基于相对价格指数法的实证分析［J］．财贸经济，2014（8）：115－126．

［101］宋养琰．正确认识股份制组建和发展过程中产权关系的演变［J］．经济研究，1990（5）：44－47．

［102］苏云成．中央企业产融结合研究［D］．北京：财政部财政科学研究所，2012．

［103］孙晋．产融结合的反垄断法规制研究［D］．武汉：武汉大学，2010．

［104］孙莉娜．产业资本与金融资本的融合及其经济效应分析［D］．大连：东北财经大学，2011．

［105］孙源，吴娜．防范产融结合的潜在风险［N］．中国社会科学报，2012－04－09．

［106］唐正东．从斯密到马克思［M］．南京：江苏人民出版社，2009．

［107］田晶．民企淘金"草根金融"［N］．中国企业报，2011－03－22．

［108］《推动共建丝绸之路经济带和21世纪海上丝绸之路的愿景与行

动》发布［NB/OL］. 新华网，2015 - 6 - 8. http：//news. xinhuanet. com/gangao/2015 -06/08/c_127890670. htm.

［109］王定祥，吴代红，王小华. 中国金融发展与产业结构优化的实证研究——基于金融资本视角［J］. 西安交通大学学报（社会科学版），2013（9）：1 -6.

［110］王莉娟. 金融资本的历史与现实［J］. 当代财经，2011（5）：24 -32.

［111］威廉·罗雪尔. 历史方法的国民经济学讲义大纲［M］. 北京：商务印书馆，1981.

［112］魏杰. 产融结合的体制基础［J］. 财经科学，1997（5）：1 -5.

［113］吴大琨. 金融资本论［M］. 北京：人民出版社，1993.

［114］吴富林. 金融综合化趋势及中国金融的未来［N］. 光明日报，2013 - 10 -22.

［115］吴易风. 马克思主义经济学与西方经济学比较研究（第1、第2卷)［M］. 北京：中国人民大学出版社，2007.

［116］吴越，赵守国. 金融危机背景下加强产融结合管理若干思考［J］. 经济研究导刊，2009（26）：96 -99.

［117］西蒙·库兹涅茨. 现代经济增长［M］. 北京：北京经济学院出版社，1989.

［118］西斯蒙第. 政治经济学新原理［M］. 北京：商务印书馆，2007.

［119］希法亭. 金融资本［M］. 福民，等译. 北京：商务印书馆，1999.

［120］习近平首次系统阐述"新常态"［NB/OL］. 新华网，http：//news. xinhuanet. com/world/2014 -11/09/c_1113175964. htm.

［121］习近平谈治国理政［M］. 北京：外文出版社，2014.

［122］谢地，邵波. 国有企业跨国并购动因及路径选择——基于政治经济学语境［J］. 江汉论坛，2010（12）：34 -38.

［123］谢地，邵波. 欧美主权债务危机的经济政策根源及我国的对策［J］. 山东大学学报（哲学社会科学版），2012（1）：8 -13.

［124］谢杭生. 产融结合研究［M］. 北京：中国金融出版社，2000.

［125］新帕尔格雷夫经济学大词典（第一卷)［M］. 北京：经济科学

出版社，1996.

[126] 徐以升，董文标：对！中民投就是产融集团 [N]. 第一财经日报，2014 - 08 - 22.

[127] 徐以升. 产融大结合还要不要"红线"？[N]. 第一财经日报，2009 - 11 - 05.

[128] 许天信，沈小波. 产融结合的原因，方式及效应 [J]. 厦门大学学报（哲学社会科学版），2003（5）：107 - 112.

[129] 亚当·斯密. 国富论 [M]. 北京：华夏出版社，2008.

[130] 严法善. 经济全球化与中国经济结构调整 [J]. 当代经济研究，2002（12）：3 - 7.

[131] 杨德才. 论我国经济结构调整中的投资问题 [J]. 当代经济研究究，2002（1）：75 - 83.

[132] 杨继国. 基于马克思经济增长理论的经济危机机理分析 [J]. 经济学家，2010（2）：5 - 11.

[133] 杨涛. 促进我国产融结合需要新思路 [N]. 中国经济导报，2013 - 04 - 27.

[134] 杨晓波. 通用电气重组转型回归高端制造业 [EB/OL]. 新华网，http://news.xinhuanet.com/fortune/2015 - 04/13/c_127681347.htm.

[135] 姚顺良. 希法亭对马克思资本主义理解模式的逻辑转换 [J]. 南京大学学报（哲学·人文科学·社会科学），2009（3）：5 - 10.

[136] 姚先国，程迅. 交易费用与产融结合 [J]. 浙江金融，1995（9）：9 - 11.

[137] 于光远. 经济大辞典 [M]. 上海：上海辞书出版社，1992.

[138] 余鹏翼. 产融结合的制度变迁及制度安排 [J]. 经济学动态，2002（6）：31 - 34.

[139] 约翰·穆勒. 政治经济学原理及其在社会哲学上的若干应用（上卷）[M]. 北京：商务印书馆，1991.

[140] 约瑟夫·熊彼特. 经济分析史（第1、第2、第3卷）[M]. 北京：北京经济学院出版社，1998.

[141] 曾康霖. 金融经济学 [M]. 成都：西南财经大学出版社，2002.

[142] 詹姆斯·里卡兹. 谁将主导世界货币——即将到来的新一轮全球危机 [M]. 常世光, 译. 北京: 中信出版社, 2012.

[143] 张帆. 战后美国银行垄断资本与工业垄断资本的融合——驳金融资本消失论 [J]. 世界经济, 1980 (7): 1 – 9.

[144] 张红伟. 金融波动论 [M]. 成都: 四川人民出版社, 2002.

[145] 张晖明, 邓霆. 规模经济的理论思考 [J]. 复旦学报 (社会科学版), 2002 (1): 25 – 29.

[146] 张鹏, 李萍, 赵文博. 破解慈善公信力困境: 可追溯系统原理运用的理论与实证 [J]. 社会科学研究, 2016 (5): 40 – 46.

[147] 张鹏, 李萍. 马克思经济学的民生向度——兼议改善和发展中国民生问题的实现路径 [J]. 教学与研究, 2016 (3): 50 – 57.

[148] 张鹏. 产融结合进程、研究动态与发展趋势——基于我国经济体制改革的逻辑 [J]. 财经论丛, 2016 (6): 11 – 19.

[149] 张庆亮, 孙景同. 我国产融结合有效性的企业绩效分析 [J]. 中国工业经济, 2007 (7): 96 – 102.

[150] 张庆亮, 杨莲娜. 产融型企业集团 [M]. 北京: 中国金融出版社, 2005.

[151] 张衔. 动态经济学导论 [M]. 成都: 四川大学出版社, 2009.

[152] 张衔. 中国金融体制改革研究 [M]. 北京: 中国金融出版社, 2003.

[153] 张衔. 中国通货状况分析——通货紧缩类型与对策选择 [J]. 金融研究, 1999 (10): 8 – 13.

[154] 张雄. 金融化世界与精神世界的二律背反 [J]. 中国社会科学, 2016 (1): 4 – 21.

[155] 张宇, 蔡万焕. 金融垄断资本及其在新阶段的特点 [J]. 中国人民大学学报, 2009 (4): 2 – 8.

[156] 张宇, 蔡万焕. 马克思主义金融资本理论及其在当代的发展 [J]. 马克思主义与现实, 2010 (6): 101 – 106.

[157] 赵昌文, 许召元. 国际金融危机以来中国企业转型升级的调查研究 [J]. 管理世界, 2013 (4): 8 – 15.

［158］赵昌文，朱鸿鸣. 产融结合是陷阱还是鲜花？［J］. 上海国资，2012（12）：24 - 26.

［159］赵昌文. 大企业的产融结合：怎么看？怎么办？［R］. 第十届中国企业发展高层论坛.

［160］赵昌文. 三中全会后国企改革的三个层面［J］. 人民论坛 2013（12）：34 - 36.

［161］赵洪武. 中国铁路产融资本融合研究［D］. 北京：北京交通大学，2010.

［162］赵文广. 德隆个案否定不了产融结合趋势［N］. 中国证券报，2004 - 07 - 17.

［163］郑文平，苟文均. 中国产融结合机制研究［J］. 经济研究，2000（3）：47 - 51.

［164］中共中央马恩列斯著作编译局国际共运史研究室. 拉法格文选［M］. 北京：人民出版社，1985.

［165］中国电子商务研究中心. 银行业大地震：四大金融帝国终于出手了！［NB/OL］. http：//b2b. toocle. com/detail - 6323264. html.

［166］中国企业联合会课题组姚晔，李建明，胡迟. 中信集团发展的成功经验及启示［N］. 中国企业报，2007 - 11 - 27.

［167］中企 500 强 260 家制造企业净利总和不如 17 家银行 40%［N］. 人民日报，2014 - 09 - 03.

［168］周立群，伍志文. 利率政策的有效性问题研究——兼论加息之争［J］. 管理世界，2004（10）：12 - 20.

［169］周婷. 国资委支持央企"产融结合"，鼓励央企不留存续资产整体上市［N］. 中国证券报，2010 - 12 - 24.

［170］朱方明，蒋永穆. 政治经济学（第三版）［M］. 成都：四川大学出版社，2009.

［171］资本论（第一、第二、第三卷）［M］. 北京：人民出版社，2004.

［172］Goto, A. Business group in a market economy［J］. European Economic Review，1982，19（1）.

［173］Teece, D. J. Internal Organization and Economic Performance: An

Empirical Analysis of the Profitability of Principal Firms [J]. Journal of Industrial Economics, 1981, 30 (2): 99 – 173.

[174] Sirower, M. L. The Synger Trap: How Companies Lose the Acquisition Games [M]. New York: Free Press, 1997.

[175] Khanna T. , Y. Yafeh. Business Groups in Emerging Markets: Paragons or Parasites?[J]. Journal of Economic Literature, 2007, 45 (2): 331 – 372.

[176] Shih-Fang Lo, Wen-Min Lu. An Integrated Performance Evaluation of Financial Holding Companies in Shih-Taiwan [J]. Europe an Journal of Operational Research Research, 2009, 198 (1): 341 –350.

[177] Marcia Millon Cornett Marcia Cornett, Jamie John Mc Nutt Jamie utt, Hassan Tehranian Hassan Tehranian. Corporate Governance and Earnings Man Corporate Agement at Large U. S. Bank Holding Companies [J]. Journal of Corporate Finance Finance, 2009, 15 (4): 412 –430.

[178] Gerschenkron, A. Economic Backwardness In Historical Perspective – A Book of Essays [M]. Cambridge: Harvard University Press, 1962.

[179] Levine R. International Financial Liberalization and Economic Growth [J]. Review of International Economics, 2001, 9 (4): 688 –702.